本書係「敦煌文獻系統性保護整理出版工程」項目成果

二〇二一—二〇三五年國家古籍工作規劃重點出版項目

「十四五」國家重點出版物出版規劃項目

國家古籍整理出版專項經費資助項目

中國國家圖書館藏
敦煌文獻

中國國家圖書館 編

第六册

BD00076～BD00084

國家圖書館出版社

DUNHUANG MANUSCRIPTS IN THE NATIONAL LIBRARY OF CHINA

006

BD00076 ~ BD00084

compiled by the

National Library of China

National Library of China Publishing House

顧問　方廣錩　郝春文　榮新江　李際寧

編纂出版　張志清　魏　崇　陳紅彦　殷夢霞　薩仁高娃
謝冬榮　劉　波　林世田　廖生訓

編纂　林世田　薩仁高娃　常蓋心　于　瑞　劉毅超
劉　波　劉炳梅　周升川　劉　婷　程佳羽
沈艷麗　高　雅

編輯　潘　竹　程魯潔　黄　鑫　苗文葉

審稿　孫　彦　耿素麗　宋志英　鄧咏秋

凡例

一　本書刊布中國國家圖書館藏敦煌文獻，以館藏編號爲序編排。

二　館藏編號采用「BD+流水號」格式，如BD0001, BD16579等。背面在編號後加v表示。一個編號包含多件文獻者，編號後分别綴以字母A, B, C等。一件文獻含有多個内容者，以數字-1, -2, -3等標明順序。

三　圖版有縮印或放大處另加説明，尺寸超出本書幅面的以摺葉形式呈現。

四　卷軸裝、梵夾裝、經摺裝等裝幀形制的敦煌文獻，各附外觀圖像。

五　每件文獻依次呈現外觀、正面、背面等。背面僅刊布有文字、圖像或其他要素的圖版，而略去素紙部分，背面圖版同樣以從右到左順序編排。凡有外題者，遵從以上原則。

六　除個别特殊情况外，爲保證閲讀連貫、流暢，圖版儘量通欄呈現。

七　各葉上方附該件文獻全圖，以高亮形式顯示本葉大圖在全卷中的位置。部分長卷文獻全圖衹能分多段呈現時，在上段末以<符標示下段接續。卷尾内容不足一葉時，文獻全圖使用該圖卷尾部分，亦以<符標示。背面圖版文字與正面文字方向相反時，文獻全圖按原貌顯示，正文翻轉呈現，以便閲讀研究，用◎符標示。

八　文獻題名大體沿用中國國家圖書館此前所編多部敦煌文獻目録的考證，部分吸收學界最新研究成果略作調整和完善。文獻題名綜合參考原卷首題、尾題、外題確定，如原卷題名與該文獻正式名稱不同，則采用正式名稱；無題名者，或比定題名，或擬定新名。非漢文文獻在題名前標注語種。有分卷不同等其他情况者，括注於文獻名稱後。

九　本書著録使用通行繁體字，涉及原文中的人名、地名等，必要時保留原字形。

About this publication

1. The documents are presented in shelfmark order.
2. The shelfmarks are in the form BD plus a running number, eg. BD00001, BD16579, &c. If a given shelfmark contains multiple documents, these are distinguished by the letters A, B, C, &c. If a document has multiple contents, they are distinguished by the numbering 1, 2, 3, &c. The verso side of an item is indicated by the letter v.
3. If it has been necessary to reduce or enlarge the size of an illustration, the dimensions are indicated. If the size of an illustration exceeds the size of the book, a folding sheet is used.
4. If the document is a scroll, a folded sutra, or has a stitched binding, a picture of the whole object is provided to show its external appearance.
5. The cover, front, and back of each document are reproduced in sequence. The back of a document is only reproduced if it contains text, illustrations, or other markings, and it is oriented from right to left. If it is blank it is not reproduced.
6. Except in a few special cases, the lines of text are reproduced unbroken to make them coherent and easier to read.
7. An illustration of the complete document is reproduced at the top of each page, and the section where the main illustration appears is highlighted in order to indicate its position. If it has only been possible to reproduce a long scroll in sections, the direction symbol has been used to indicate where one illustration ends and the next one begins. If the end of the scroll occupies less than one page, the direction symbol is used to indicate its position in the illustration of the complete document. If the text on the back of the document has a different orientation from the text on the front, it is reproduced as it is, but is also rotated (indicated with the rotation symbol) so that it can be read easily.
8. The titles of the documents generally conform with those already established by the Library, but in some cases have been amended by drawing on the most recent scholarly research. The titles are derived firstly from the beginning of the text, then from the end of the text, and lastly from the cover. If the title of a document differs from its authoritative form, the authoritative form is used; and if a document has no title, one is either supplied by comparison with similar documents, or a new one is devised. If the document is not in Chinese, its language is indicated before the title. If the number of juan is different from that of the authoritative version, or if there are other irregularities, this is noted.
9. The documents in the book are in traditional Chinese characters. Where the title contains personal or place names, the original characters used for these names are retained.

(Translated by David Helliwell)

第六册目録

BD00076 戒緣卷下

739.1cm × 28.1cm

下食无犯　一卅七非時食□□□□子不相諍嚴人所□
啖与酒食便非時飲食恣意盈飽飽之後擿常盟樂因是
不聽非時而食從中至天明名非時中非時想時疑食者突吉羅時中想
一食不犯　一卅八殘宿食食䕶言受宿食食无殘字也道貴少欲无所藏
積穢如饑鳥不留餘而世絶非比丘一日角七已是留一宿之時受白
食從此因緣不聽宿食去貪著故離白衣法故若今手受明日食是
名受宿食食者犯隨下手受而不淨施明日受食突吉羅手受
已淨人人施明食亦隨受而淨施明与人不犯若知已手捉還返於食
一之无犯　一卅九不受飲食著口中犯隨加羅比丘冢間住取人之食
輒自取食衆人疑其常食死人惡名流布因是結戒防譏嫌故
捨盜方便故習大法故遠世業故人足物一切應從淨受不受而食
犯隨不受而觸突吉羅除水枝楊輕賤是得故天應措故无貪積若故
非時人不与不從淨人受若藥果等不作淨若不淨食食比食五四三二
雇如是知食人則偷蘭遮不淨故大比丘手觸食不淨突吉羅若不如是一切无犯

塵如是矢食人見偷蘭遮不淨故大比丘手觸食不淨突吉羅若不如是一切无犯
一卌差食自為求索釋遮男得物道供餽眾僧不種種食六羣貪食得已復索
諸乳酪種種美味因制不聽自求美食去著貪味故以難得故致譏責故又差不
差一不得求求飯與常食菜果得與不與得突吉羅求蘇酪魚肉美味得不突
吉羅得犯隨求汁得不得突吉羅若老食擬錫杖偃指主人問言比丘何求答言
老食問須何食隨如所欲捨其所須食之所无犯老瘦以求道故除親理下嫌
責故而自取而无犯　卌一知水有虫取用蘭若比丘作是念言淺溼
草上先所不聽今者用故應不犯便取虫水隨意而用人問何故用
此有虫水答我自用水不用虫因是復結戒若有虫水一切用悉得
犯此義淺溼上已說有虫虫想若疑用者犯隨无虫虫想若疑用者
突吉羅无虫无虫想用无犯　一卌二食家中卧處坐謂女為男食也有居
士新婚唯欲是食難陁相識數數往語共欲食彼大瞋恚因是之不聽食家
處坐隨起隨坐坐犯隨以難陁故或彼周或譏故若得道受五戒八戒若彼
父母在若夫婦二人俱受戒若是舍並人出入作坐无犯若一人受戒往坐突吉羅
一卌三食家中獨與女人卧處坐義如上有家新取婦而夫不在難陁於彼欲食

一卅三食家中獨与女人屏處坐 義如上有家新娶而夫不在難陁於彼家食
處坐後有比丘就舍乞食(倉) 彼還精舍難他自説因是制戒食家覆處不得与
女人獨坐舍內應非法故是中三事故犯一者家二者獨与女人三者深隱處三
事故犯一者食家二從還坐二犯隨(此隨法) 若開向外淨々人々(看)突吉羅 若開戶向內有
淨人无犯 一卅四倮形外道若出家男若出家女手自与食隨毗羅國王
阿耆達王請佛及僧安居三月如來宿緣王家迷忘三月將遍餘有七日佛遣
阿難白王欲去王聞(驚)驚問其所由阿難以々實答王乃憶驚懼愧懺悔々尊々世々不
許求供七日佛哀受之七日以訖至跋耆國者達愧恥送食追佛跋耆國中咸
責彼王已設供令无空斂追送之識无緣得設觀其少々(耳)陈衛佛无聽々來衆
咸不受佛怨彼故開令受々衛々已々訖王欲還國種々食具置地而去時有五
百乞人隨衆求食衆食之餘何處得食答言香屋士常与我(常以之有人聞之)
食於是之結戒不復聽与後至衛々舍衆僧食(會)三裸女(形)就阿難欲乞
難即以餅々与二人餅相連著阿難不覺人得一得二(一云)者素二者不与彼
便嗔譏難是汝智乞食凡作赤色戰言令比倮人復興聘醜謗因是之
廣結一切不聽九十六種出道恚少与食与(若)食隨彼食不消或病或死中(剃)

□緣□不聽大者共和出道是以食已食隨但食不消或病或死或中
惡謂饍与毒彼无慚愧起諸惡謗以比小慈毀滅佛法不与之言斷斷可
可見氣保形人病若是之觀理
若未請食无罪爲於僧求棗水菓聽其自取若菜在家婆羅門乞与
彼无罪以其亦少信佛脩善根故　卌五軍陳鼓行往觀隨除因緣
波匿斯王特行征伐嚴飾四兵陳陣習戰六群比丘共往觀之王及士
衆既共嫌責比丘之法大悲普念用以何觀是害生之具因是不聽往觀觀
軍軍陳陳犯隨後王及大將欲見比丘因是復開因緣得往往而故亦隨
一卌六到軍中乃至二宿應住過宿隨隨有緣聽往往應時反六群比丘宿不
一遲到人疑惱因是復結限聽二宿過是犯隨　一卌七乃至二宿軍中住觀
軍鼓行乃至軍陳合戰隨亦開習戰也得二宿不得觀而六比丘群群觀觀
一見者犯隨欲觀不見者突吉羅有緣過見无犯　一卌八恚恡不喜打十七
群和善六群斆惡增嫉故手打十七群令彼啼喚鬧共嫌責非比丘之法下
應以嫌下爲本慈忍爲先云何手打出家之人若以手脚一打隨五指一時並
隨挙以沙擲之沙沙悉隨若除身外罵吉羅若杖打比丘令極苦偷蘭
處小打令果休隨餘一切在家出家大打極苦偷蘭小打伏罵吉羅

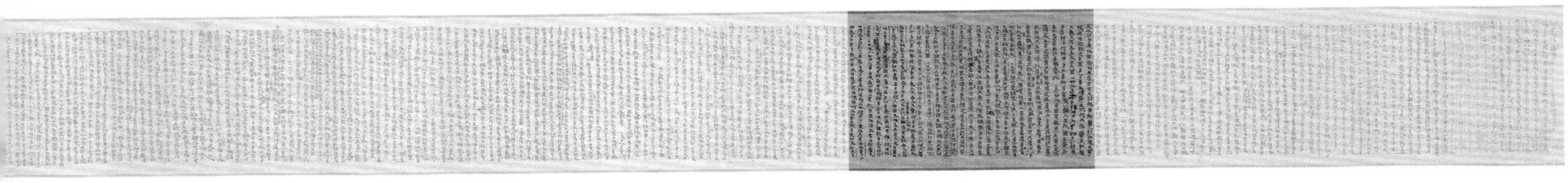

處小打令畏休隨餘一切在家出家大打極苦偷蘭小打伏突吉羅
撲病畏惱故突吉羅若心心善為慶慶生故彼死偷蘭不犯隨
已熟無罪為久久亦無罪 一卌九恚怒手搏此亦六聚那不打便舉
手搏令彼怖畏若手若腳若支舉以擬人恚犯隨若舉餘
象外突吉羅為防毒獸惡人無犯 一五十知他麁罪覆藏至一夜隨夜無慚
愧慢心犯五篇式隱覆不悔能斷聖道匿麁麁也今言麁罪謂初二篇已
跋難陀兄名難提提犯麁罪弟為之覆跋難陀弟子名達磨達磨白眾故其
麁罪而難弟隱覆不說因達磨白眾因制之聽覆麁麁罪尼覆他人重
邪犯比丘覆他重乃至殘惡犯隨覆他麁麁三篇惡突吉羅覆麁麁未至
明突吉羅至明犯 一五十一語彼比丘諸家與汝美飲食乃至少時惱是
因緣不異跋難陀以達磨故其兄罪欲惱之便語之言今將欲至諸家
使與汝美飲食汝自當知以師重故便隨之去至三家皆言師
欲為設食師自不受弟子念言不受此食餘請必勝復往一家已至其
門復遣令去語之言我共汝坐語不樂我獨坐語樂弟子思惟日時
已至不容更去便精舍諸人問汝得好食耶答言我令斷食何好

已逕不容更乞便精[illegible]舍諸人問汝得好食耶答言我今斷食何好
之有彼問所耽由其以實答眾患嫌責因是之結戒若未至內門未至門處
便遣令還未知主人飲食好惡故突吉羅至門處而遣令去惱相滚故
犯隨若弟子有罪欲令伏為作斷事遣之无犯惱他人而遣亦隨比尼
文言大德則知嫌說餘人非但弟子言是緣々因謂為惱因緣也不異明
文々緣而遣故犯隨　一五十二无病露地然火乃至使人隨一時佛行道路嶮
果有諸惡人隨佛而去至一山上多諸枯樹惡人伴輩奄然火一服比丘燒大鹿
木々中毒蛇寒凝蟄得煖々動出々嚴大吼惡人患驚謂言有賊嚴其器杖欲
无覆鄣名露地々然
殺擾宗是蛇嚴比丘驚喚因是之結戒不得然火一切火犯隨緣傷眾生故惡人別故
从貴人故軍中法或因驚動相劫奪故若自若使人俱隨先然後為前之突吉羅火
燼在著火中突吉羅後復聞之蠱冷病若作食熏鉢染衣等種々須用然
之无罪若燒濕蘆淨然无有相能生乃楊枝等若不淨犯隨餘草木不淨然
突吉羅　一五十三如法僧事与欲後呵隨六羣犯惡眾欲治之勢力相當无
由得治五人出行一人在後々日一時六羣悉行唯助人時獨不行眾治六羣而助者不知
擾息不出聞与眾羯欲磨之乃後知所治便即呵之此為非法若兼知之即不与

憍怠不出閣与衆鵄磨之乃後知所治便即呵之此為非法若私知之即不与
欲因是也与欲无、同後異意犯隨 若聞言能有何事益言其事口与言異
而非故異大法如僧事者呵之亦隨故作異而非法者呵之无罪二鵄磨有現前不共
語一本欲与衣後罪責故不与餘一切悉前現 一五四十 未受大戒人房宿過二宿隨
阿羅毗國一大講堂上道俗大集共聽說法至後夜時悉共復臥沙弥患眠擺動
大喚白衣譏謙尊世呵責不聽共宿而未結戒後羅云眠住入諸房悉容皆便入佛
廁極大眠臥外有毒蛇無欲入廁佛恐害之便比渡彼出其屋雨佛作雷
㲉羅云聞覺佛事將出解釋安慰令无愁惱因是復聽共二宿以二事故
一為沙弥故二為白衣恐毒蛇惡獸惡鬼惡人傷害大之故又恐六親瞋惱故亦以不二傷
大悲故不妨非法不過二宿復後二宿比丘病沙弥看二宿已比丘令去去後因急无人与藥
於是復聽沙弥立看眠睡倒地復聽病人人死沙弥与比丘共看病更立
坐臥无犯 一五十五知佛法義鄣道法不能鄣道加他梵志欲謗佛法令弟
子阿利吒出家受戒當言行欲不能鄣道既出家已不能復謗師來逼誣
情不能免種懼愧不敢正說故憍言鄣法不能鄣道作語是時其舌

不轉佛言應先濡語々教々悔々捨々者令突吉羅悔若不捨為作白四羯磨要知
令捨如法三諫不者(捨)隨僧為作白四羯磨惡邪不除擯還得正見聽其悔過
此三邪說謗毀佛法其(事)大故眾諫至三右(方)便謗訶欲令自返故結罪不重又不滅擯也
一 是之疑惡邪不捨(者)應如是治
一 五十六 若(知)是人不如(語)法悔應々(捨)不惡邪見故若使共
事(共)一房舍宿隨六群比丘何利吒惡邪救擯而李畜之特增長外道毀滅正法惡
邪之徒不可復制說四是結是不聽畜也知是人者知其以々惡邪作擯邪如是語也
不如法悔除邪心不捨得如法擯而返畜之有二種事共行也丘畜共事共財共法者
白四羯磨說式自恣十四(種)一切僧事又四種舍中人共々宿若教法者從受法一隨若與衣
鉢飲食牀臥湯藥若從彼受々亦三隨凡畜共事一切中々隨若(共時)宿臥已起々已臥々隨
一 若通(通)處不臥突吉羅
五十七 跋難他沙弥名摩加作重婬已起々惡見々邪言欲
不能斷道集眾々教不捨惡邪乃白四羯磨與作滅擯欲令遣去比滅不
見六群比丘知(而)畜之比特長夜容惡不可禁止故不畜(聽)共々語々共事々一々舍々共宿々
義同上事一々中犯隨如上若非滅擯沙弥還得正見聽其悔懺若滅擯沙弥
昔自改悔求依眾住若為至誠為眾哀念聽依眾住如白衣法無衆不得受
一 戒得与眾食不与衣如施主与之得受師不得為授
一 五十八 若寶人(等)
名寶自取使人取隨除房內住處內有寶人遺得伏藏忽然大富王欲誅集緣

名寶自取使人取隨除房内住處内有一貴人遑得伏藏忽然大富王欲誅集緣
憶佛語兔死賜金田四取寶而結戒諸〻後童子見跋難他知其著貪欲共誡之
敢寶跋上隱泉潜𥦗難他取壞之而去童子共捉送付司〻宜〻佛呵責放之惡戲然
然後結戒 卌五 自畜 令刑王等一切正寶也似者同鑄白䤨鍮錫偷〻珠〻串亦名文作脒
珠如是一切自捉他正寶為數人等犯隨似寶作男女莊嚴具及器杖自捉教捉亦
隨恚人在嚴具及器杖捉不犯後庫子共入寺覲佛脱衆寶衣以付侍人〻樂法忘
衣而去命何難令淨人看舉因是復開有緣應取凡在衆僧界内應使淨人料𢿙舉
之者无淨人應當撿問如物識許物何相是則還相非不与若事宜行付舊善比丘 自料舉以饌護中佛法故將聽出取時念言主索當主來索時
若有索者問相還之若五六年无人来索應入四方僧物若後主索以四方僧物与之
住處内者謂比丘若在白舍〻衣内取見遺物取還如上聽五六年後即於是處
作臥具主復来索以此物還之問相撿實一雖如前捉三尊寶莊嚴具及寶
物作經像寫吉羅欲作而捉犯隨著上三處外見道寶不得自捉〻犯隨凡与力
利器害生之具皆應衆中撤棄捉擯鐵防衆軍器寫吉羅 一五十九得新衣應三
種壞色跋難他白衣脱与彼人諍利令彼嫌恨因是呵責而未結戒後諸比丘与病人
共行俱共桉劫傷兌衣服賊信佛法欲還比丘覓衣不可別〻外裸白佛尔乃結
戒若得新衣應三種壞色與梵志故去令白好若得他物故名新衣應三種壞色

二

衣若得新衣應三種壞色異梵志故夫令白好若得他物故名新衣應三種壞色
若青若泥若茂隨得一種二種應種淨若青得衣淨以泥茂若得泥衣淨以青泥若得黃淨
以青泥茂得赤白衣亦復如是凡比丘衣服殺異悉一切應如是淨而用犯隨數
成若突吉羅得淨衣以不淨物補若却刺一黑作淨若直捶處作淨若得染
衣二種壞色却刺捶即是淨刺為牢故異凡志故大衣得入聚落二衣不得
入入者突吉羅界內大衣不得礼佛大衣應割截刺成不截割作得突吉羅
受持三衣不割截縫而刺无犯貧无大衣得著五條衣若刺合受之若刺枯
者淨捨之命欲終時令人抱却還衣三衣中以一中者与看病人若持亦取中者与
看病人一六十減半月浴犯隨瓶沙王有三浴渠水与衆僧共上用渠比丘數數
浴妨我王用日是結戒以半月為限限後天熱不浴致病開聽熱時隨意而浴
春殘一月半夏初一月病時織風時塵坌雨時衣汙行時垢汙聽浴時應著
衣故既合掌白一比丘長老憶念我如是因緣須浴若師在應白若无師應白上
坐无應語下坐但不避耳一切所應作皆如是若干臘出界及大事應白語語應
一小事不須白語一六十一故不應奪畜生命上以衆不自用譏无慈惻而意不為害此
即加留阤夷為攖題路故奪烏命也若自殺教他若遣使是種殺役
命斷時比丘犯隨三種殺或以象或以非象以此三事故害生死者隨犯死突吉羅乃至

命斷時比丘犯隨不三種煞或以身或以非身以此二事故客生死者隨不死突吉羅乃至
物受胎時身犯根命根以身口意素因緣方便欲煞死者犯隨不死突吉羅
一六十二故令他比丘悔乃至少許得惱犯隨六群与十七群諍不和常輕嫉語言彼
未滿廿受戒不得戒非沙門也以此惱之令其疑悔凡以六事惱之大比丘隨犯
一生二受戒三犯四問五物六彼語他言汝何時生擿下毛復何時出因何時受戒誰
為三師為五眾十眾中受戒此何處受戒界內外能彼如實答便与言如
其生時其時毛出其受戒其為三師界內受戒者不得戒非沙門彼起疑悔若下
下語犯隨若言汝犯後四開戒非沙門亦二語隨又門其形色作彼如實答便言
汝至其其女人其尼羅坐起語言非門又如其六与比丘同意用種種形須物亦非沙門
又復功德无時言汝數會畜長衣等事非沙門
彼起疑悔若下下語悉隨六事外更以餘事令比丘及餘人疑悔皆突吉羅
一六十三以手痛拯隨十七群為二小兒不耐痒以指擊痛遂氣絕而死彼无煞心犯
墮若一指墮二二十指十墮若指拯突吉羅若以木石等非身擊痛之突吉羅痛而
一不痒不問令煞故　一六十四水中戲隨十七群入水洛戲波斯匿王見而故之語末
三咲四彈五共水六令他解八令咲三和墮乃至牀上楪上為水以指畫之
利夫人汝看語之形尊夫人白佛二因結戒若水中戲有以六事一自作喜二自作之
突吉羅若碎學浮度難若直渡天犯　六十五阿那律旋行遲暮宿
淫女舍二有四種逼覆下逼牽四半覆四種舍中与人非人畜生女共宿是墮若
起還臥二二隨眠若俱若一二眠時即名宿不以經宿為姓為二宿若俱通夜不眠不犯他舍有

捉還臥〻隨睡眠著〻眠時即名宿不以經宿如爲宿〻若俱通夜不眠不犯他舍有
丈宿辟孔容猫子入處隨若倚若立名爲宿駄牛羊若臥若立名爲宿俱
一眠一眠俱不眠亦復如是 一 六十六 自恐怖他比丘使人恐怖乃至戲咲隨來如待
若前後代〻凡有七人阿難羅左後有一待者名會守杓夜待佛〻未四房不得先
入便反被執作鬼怖佛〻因是結戒不得怖他有六羣種〻可畏聲香味觸
法也謂以〻伎術作種〻物異色聲香常香氣或言汝今何不食如是雜食必
得患病或自治身令臥無漏四開觸他驚怖或言改犯衆多式法必入
三趣〻〻此之事怖他比丘若怖不怖〻隨除是六事突吉羅又餘事怖餘人
一 非人畜生突吉羅 六十七 藏他種〻生活具乃至戲咲有居士請佛及僧六羣
比丘藏十七羣比丘衣鉢令不及衆因是犯藏他比丘物若自藏若教人若憶若
戲者隨藏衣鉢尸鉤草從針筩他不在得突吉羅若經宿針筩貫得不得
一 突吉羅 六十八 与五衆衣還奪隨六羣懦懶不自作衣〻与五衆又言於吉從
謂施已便好成作〻已便奪令役瞋恨因是結戒若与五衆衣役不還而
奪隨始亂他故鬪諍故先來五淨施法後不聽長衣淨施〻已他得不還便起鬪諍
佛言不聽現前与亦不應与二三人散亂不善故應善思量与一好人若現前隨意

佛言不聽現前与亦不瘥与二三人敢乱不言故瘥善思量与一好人若現前隨意
捨与之如是隨衣法亦可作淨若要持後比丘長衣与六羣中一人役得以不還佛言瘥
羣取教令不与寃吉羅悔過因是聽常取用衣隨意作淨施人若要捨持人瘥復捨与人
如捨隨衣物　一六十九以无根謗他僧殘前犯隨憙地前以重輕他驟　二謗不成今以此謗
之因是結戒凡以无根僧殘法謗不淨比丘十種犯種不犯十一種犯若人見聞疑若見
忘若聞信若聞不信聞聞已言見疑已言聞是名十種犯五種不犯若是事若聞若見
若疑見見已忘聞已不忘是名五種不犯不比丘淨亦如是无根謗清淨十種犯除
見忘餘如上四種不犯除見忘餘如上清淨比丘亦如是　一七十与女人道行
乃至聚落上制与尼行此制白白衣女也加留羅提舍比丘向毗舍離過与一殺
道婦人同路而人行夫後追負見共同道疑恐打擊因是結戒若与女人結
水陸共行從村至村犯隨中還路寃吉羅空地行十里犯隨中還路寃吉羅若不期
若有夫而行相遠若与王夫人伴患无犯　一七十一与賊議共道行至一聚落昔諸
比丘失道處行道見惡賊來為伴羅難送宜結制乃故凡与賊結期水陸共
行從村至村犯隨中路還寃吉羅空地十里犯隨中路還寃吉羅若不共若嶮處賊
送度處无犯　一七十二不滿廿年人与受具戒隨是人得不戒諸比丘可呵十七羣比丘
未滿廿歲者目連与受大戒年既多小又貴樂家子晡時患飢作小兒啼
故不廿不聽受戒以未先能不堪苦故僧中受戒時問年滿廿不若未滿廿答言

故不廿不聽受戒以未先施下堪普故僧中受戒時問言年滿廿不若未滿廿應言
不滿而与受戒是人不得戒僧得罪共事共住亦得罪若為衆破僧偷蘭罪若
以餘心突吉羅若不滿欲言滿是人得戒師僧得罪共事共住无罪若滿欲
言不滿是人不得戒師僧得罪共事共住亦得罪若滿欲言是人得戒師僧
无罪共事共住亦无罪年過六十堪普故嬾墮法不得受具足戒度及与受
戒者突吉羅　七十三自手掘地使人掘墮阿毗羅比丘掘地外道呵見言地有
命因譏而非受大戒說三戒護法上以詳之地有為二種生不生　名前兩國八月地生
謂春夏冬有四月也生謂春夏未秋名有二月也除是名生不人類墻蟻村石灰
土亦不生地濕相著名生異不生若自掘若教他掘生地一一墮不生地一一突吉羅手畫地
乃至沒爪子突吉羅若比丘為匠欲作佛龕僧房為畫作樣像畏犯无犯又
諸山寶處沙塩之地亦无犯七十四受四月自恣請過是受墮除自恣請除數數
請自恣請除獨自恣請糧麥男請乃僧受四月請施藥隨犯須服一切自恣
大羣比丘病阻過更求蘇油蜜美味甚甚藥藥已盡又犯須欲更覓瞋罵以致外
嫌因是制過阻不得更求若施主常請久死子繼恣僧取藥名常自恣也
若本施僧夏四月藥於一月半辯則夏受三月冬是一月二月未辯冬是三月竟
夏四月未辯冬更受四月夏取以冬補夏令滿四月是數數恣自請也冬

夏四月未離冬更受四月夏衣以冬補夏令滿四月是歲〻恣〻自請也春
春四月亦如是其餘月〻受亦歲〻自恣請也非衆是名獨自恣請除三請已
四月滿畢无病更求四種含消美味上藥若得犯墮不得突吉羅若求阿
利勒等苦鹽下藥得不得突吉羅若病求若從親里求若自有无犯
一 七十五說戒時作是言我今是戒先當聞須脩多羅比尼摩得勒加者犯墮
僧尼戒有同有異若戒尼異集二衆之法若同或集僧結之後語令知長恨路
看清淨有德僧差諸宣說同戒若好諸尼皆悉受持偷蘭難陀輕慢不受言當聞
三種法所因是集僧後結同戒若說時作如是言僧尼俱隨若聞說五篇戒乃餘入
毗尼經時作上說言一〻隨若說餘經時涅不覆言我當先問誦三種經者一〻突吉羅三
種經中或戒或法說此經時聞戒不受一〻隨聞法不受突吉羅摩得勒加分別
法相如阿毗曇也十二年中未經七衆或犯殘未斷道法十二年得後或經同戒或經異如法
四種七種結但後宣語不復別制科自異唯應道則同若比丘欲聞法利者是戒中應學
亦應問頌三種經又俱不起輕心不受戒法耳 一 七十六諸比丘鬭亂諍訟嘿然
立聽作是念諸比丘一形說我當隱犯末隨十七群与六群諍已十七群處共六語
更相謂言六群凶惡鬭若我等心同彼能得便六群盜聽〻已便出廣散變
色責十七群比丘因制不得嘿然聽他語若聞隨不聞突吉羅若若好若惡悉不

色責六十七羣比丘因制不得嘿聽他語若聞隨不聞突吉羅若好若惡悉不
得盜々聽々悉隨防諍緣故若和合若行過聞不犯　七十七斷事時嘿起去隨
歐難陁貪積過衆欲治罪五人出入一相助人在集衆習時助人潛去衆竟人知遂
生鵝磨々之後助人言非是結戒一切鵝磨說戒自恣不得嘿去々者隨若大小行急
事羅人不得離聞處悉無犯斷事時助惠處善悉突吉羅凡衆會法集皆不
得嘿去罪　七十八輕他比丘大德上坐說經法闡能輕慢無敬畏心不得說意乱父畏
諸因是結戒為作白四鵝磨記役比丘不共六事凡聽說法及五百冊學時坐
語不敬有二種僧未記不敬事不敬突吉羅已記敬犯隨上坐敬下坐已犯
未起悉突吉羅　七十九飲酒娑伽々羅六通羅漢降惡龍已名諸振國競供
好食有一女人恐食不消以似酒水寰与娑伽陁飲已昏醉尸臥路中衣鉢六物里布在地
佛行過与因制戒已因酒故一切戒作一切惡故不作四逆唯不能破僧又信故七衆居語
記之斷罪小草徹滐亦不得飲有二種酒木酒米麵雜種々藥木酒唯藥葉不雜
米麵有酒色酒味酒香能醉人者飲之悉隨若飲若嘗咽々犯隨若糟若麵
醉人者食者六皆犯咽々悉隨　八十過中入聚不白餘比丘隨除大因緣中前七食道
俗无隨後侵秦致呵外道嫌毀佛已呵責後加留陁夷中後入聚逗闍役虎埋身墓
聚落既路正受罪者衆非時嘿行其過如比凡僧作此要依々聚々落々結々大界々內有三種根本

聚事庫既路憂羅者衆非時嘿行其過如比丘僧作此要依〻聚〻落〻結〻大界〻內有三種相本
處丘聚落僧房樂禪誦者遠〻幽空閑名阿練若處倉庫營事比丘於作名為住處若在
𨓏住一處不白入聚落〻〻隨所經大小巷突吉羅若從僧房白入聚〻落〻已還歸僧房若至坐禪處及營
事處即已先白復入聚落隨所入〻〻隨經大小巷〻〻突吉羅為從禪處營事處白入聚落還歸三處
即從先白復入聚落亦知是大界內三處中人住逐無善不白无罪至僧房亦如是復有比丘齎奇衣他
舍失火比丘往於中路自念不白而來還歸白僧彼燒已盡因是復開有急緣不白若聚落大起八難
中隨〻事起嘿去不犯若自為為三寶諸緣非時宜行皆得去若无比丘得語餘六衆除杌三尊大小行嚼用楊枝
餘一切比丘應白所无所白上坐无上坐白下坐不白惡突吉羅若五十膓者出界及大事應語八事不須白
一語一八十一請食〻前食〻後至餘家隨路難陁食積出息居士負責无以還償欲因佛力此朱滅
息利便設飲食請佛及僧難陁為請〻以陁行佛与衆僧先至其舍以難陁不來佛不設供難陁至
以然後下食未周竟難陁先去佛還僧房欲結戒晡時集僧唯難陁不至暮方還佛諸比丘難陁疑
人今於百衆時臨僧若比丘為他請僧已中前中後不白至餘家者隨所至家〻墮出界入所經巷〻突
吉羅若白而還晚令僧惱者突吉羅因此故餘非請僧時中前中後出行悉應白〻義如上非時中說從三處
一中聚落及還三處所先白更入聚落罪悉如上 一八十二剎帝利灌頂大王夜未曉未藏寶若門坎身
過除大因緣隨彼斯匿王入深信佛法令諸未人名請佛入宮受法加留陁夷為末利夫人師
一時晨朝早入王宮王已出外夫人未起其集御時所著寶衣輕明照徹身外現見師慚愧

時晨朝早入王宮王已出外夫人未起其集御時取著寶衣輕明照徹身外現見所慚愧

胡跪牀上加留陀乜(夷)着恥即僧々還中具說是之事佛言比丘入王家有十種過失因是結戒

不復聽入刹利(凡志)居士皆得為王々受位時取四海水已灌頂王也門者宮門前限人未(不)夾未曉胡

闍中有二義一未曉二夫人未起者(若)王及夫人未出寶衣未藏比丘入限未出犯隨王及夫人皆出寶

衣已藏无犯後復王夫人欲請佛衆僧入宮供養知已結戒衆必不受請夫人輩共說動王々不能

勉為作論宜請僧宮外即勅宮圍遶衆僧應其來道知々王僧食竟令諸夫人各舉所寶珎然

後白僧大德可去(衆)佛制不得入宮王言今拳入宮爾時衆僧呪願而因是復聽有大緣得入着

一 王々夫人本字悲力大宮請入无犯 一八十三戒治知是之事入式經中闡鞞比丘犯悔罪諸比丘拳令悔作

知是之戒知(誅)知令始欲墜不犯也然諸比丘知其數聞但二(知)三況一一聽(取)不知復違於是々闡鞞非不

知而得脫取々犯々事墮隨其所作而得罪也 又若久知而言始知則犯九十杓志語式又若實

不知不必由聽時々不々專時犯隨也今此中以政聽時不專罪也語五一扇式及隨律經時不專聽々犯

隨若誦餘經及一切羯磨時不專聽々突吉羅臨檀十人不誦羯磨悉突吉羅若役錯誤无相毀

一 八十四若齒若角(骨若)作針筩墮舩提居士以針筩等自恣施僧々取无罪是家貧王(王)衆人譏嫌因是結戒

聽骨者象馬虵骨不(牙)者象及豬牙齒者象馬及豬(牙)齒角牛羊鹿角此物作針筩悉犯隨負

好不淨故九十事中七種物破竟悔此等針筩破已僧中悔過若未破僧應勅令破若不勅一切突吉

一 羅物(不)徑役得突吉羅若還主々不受若与他主々則隨施僧則非法唯毀壞可也 一八十五坐牀臣

一羅物得突吉羅若還主主不受若與他主則隨施僧則非法唯毀壞可也一八十五坐牀臥
牀足應高八指除出陛過作隨闍維作高廣好牀如來遊行要佛看之即破呵責集衆
結戒八氣已捨為說比丘雖因已厎故三種繩牀一麁陛一細陛長八尺廣四尺高佛指除第三亦
陛下濕處聽十枝過是患隨若從過作應懺令如法僧中懺悔未懺之應之不剋一切突吉羅
剋不復得突吉羅一八十六若自以兜羅綿貯褥若使人貯隨兜羅綿之想名六羣貯褥
居士恥嫌殺生故難得故此綿褥若使人隨取且即隨應捨亦可與人其已衆中悔未
一捨一則衆勅亦一切突吉羅勅不復得突吉羅一八十七作雨衣長佛六磔手半過作隨應
母田功德雨衣七須一欲與僧尼雨欲衣二客來比丘食三與遠行比丘食四與病比丘食五
與看病比丘食六與衆僧粥七少知識多知識比丘與病緣湯藥諸比丘知聽畜雨衣
欲衣便廣長大作因是之制量如式文大過量應懺僧中悔過僧應勅不從如戒中說八十八
作覆身衣佛四磔手廣二磔手過隨初時未聽畜涅槃僧者比丘身病雜瘡膿血流
出污皂三衣會佛聽覆瘡衣乃至瘡差後十日畜不犯過是隨諸比丘知已聽畜便廣長
大作因是復結量如式文過應懺僧中悔過未懺應勅之亦如上量與涅槃僧同患瘡
一時涅槃僧內著之一八十九作尼師檀長佛二磔手廣一磔手半名為過磔縷諸比丘失不淨污僧臥具
佛言諸施主五肉乾施僧未福是中患應當量少用又比丘眠時亂念不有五過失一難眠也
[illegible]二難覺[illegible]三見[illegible]五[illegible]

卋三難覺卋三見惡卋夢四眠時善福不護卋五覺則難入善法一心眠有五善異是眠五善也
因是聽畜尼師檀護僧卧具諸比丘知聽畜已便廣長作(大)因是制式量如式文若長若
廣過量應截僧中懺悔未截應犯亦如上後因是加留陁夷身大前膝到地更聽
一縷四邊各益一磔手用覆僧卧具上更作小者持出入行來及坐禪 一九十佛衣等量作過
佛衣隨衣量長佛九磔手廣六磔手佛弟難陁有卅相與佛相似佛四指不其作衣過而
相類衆僧遙見謂言是佛乃至知非之俱為慚愧因制減作又令深染名為怖灑佛量如
式文過等悉隨過量應截僧中懺悔未應犯事亦如師太難陁應減長中一尺廣中
四寸佛身丈六常(人)人半之衣量廣長比丘應半佛弟難陁先著上衣佛著中衣令下聽過著
一聽著下衣常人則下中人也 一四波羅提提舍尼義自悔亦言他邊悔輕前三篇重(後)後衆
學名為可著(著)罪亦互比丘對手悔無病白衣家內非親理尼邊自手受食世飢儉乞食
難得花色(尼)有德又是知識隨其所須悉皆得之入城乞食時見諸比丘取少取無患以(不)
與之如是言飢悶倒地居士見之令將(佛)歸與衛乃素問其所由知已嫌諸比丘貪受無
節因是結如式文說若比丘無病聚落中受非親里尼十五種食犯此式應向與比丘悔十五種
上藥中已說若親里尼若大祠中少分與若沙門住處與若聚落外比丘尼房中與而取與
一之悉無犯僧倉庫知事人所作名沙門住處 一第二諸比丘白家請食是中一比丘尼指示與是
監食居士請佛及二部衆調達尼為屋故如是教與居士嫌之佛因結式一切比丘受尼所教 語

盖食居士請佛及二部衆謂達尼為屋故如是教与居士嬈之佛因結戒一切比丘受尼教
与食先呵者一切比丘得罪除施檀越戒文若二部僧集第一部僧呵(語)第二部亦名為語若居士食
少不相容受僧前後未食別坐食入別出者是中入者應問坐者何比丘尼教檀越与盖
食莫言莫尼問約勑不莫言已勑是入比丘亦名約勑又前後來僧知同一主出入城門時入者
一應問出者來語入者應語出者語入者亦名為語入語出者不名為語也 一第三有諸學家作學
家羯磨象師首羅見識(誤)杓道信樂三寶常布施无極因富後家貧王諸居士輩減共命
責施者不量受者應知量佛因是為學家作白二羯磨一切五衆入是家不得受食如是首羅聞(法家皆應如是)
之先捨羯磨僧應量宜捨不捨若後財物不增与不与應為捨後財物增長乞与不与
皆為捨若不增不減乞應為捨不乞不為捨作白四捨學家羯磨時若五衆先不教
家長請受其十五種食悉死此戒皆應如是戒矣悔 一第四有僧阿練若住處有疑怖畏
處僧亦不作羯磨不精舍外受飲食精舍內受飲食去村十里空處无人不何蘭若處乃至
恐失小器不為疑處乃有惡比丘不為惡處精舍內外應言界內外也時与(佛)僧加羅衛國於彼空
閑而共止住諸釋女暮得好時常為佛僧皆办待明旦名崖諸婦女寶衣坐嚴身送食僧房
尼拘盧林先有惡賊聞嚴即出剝脫衣服婦女矢衣裸形六群比丘自往取受言是食好
援与衣來婦女咸怨以為无慈愍(不)我等唯念是耶盆衣者施一(食)來已去因是結戒受循五德

援与叔来婦女咸怨以為无慈愍叔善惟念是等盂衣吞施一通奉已去因是結戒勇備五德
白二羯磨羞遣侍諸淨人難處迎食似有見賊遣但々今々還々而但患无犯若僧不迎患犯也
戒不羞而迎亦犯此戒 若界內事起嫌責及僧界外有非僧之名僧不羞人界內迎之界外不羞自迎
无罪六群既不僧羞人不出界外而界內自迎不以被嗔也 此中第五德謂知有知无餘者同
一衆學法始時无師未有教戒初犯無儀故先制學々衆戒法細微數犯故以衆學為名難持難
行習之宜漸自非體足少能无失故勸以當學許其心悔餘四篇方便突吉羅要由人悔道
一著內衣十二枝衣四事佛見諸比丘皆不如法而俗杜者不令人无譏嫌然容止不斯非聖軌若直制无
无因則不无常習乃遠尋去來論佛儀事由觀現在淨天之法々皆中齊下如所見即為結戒今
一學外內整儀衣 一十二事著內衣雇踝上四指上下擧一寸為高下也下角耳垂為三羌也前腰間
攝而下垂如鉆斧鋤頭故或言鉆頭或鋤頭也腰以下或攝々攝上下角頭尖中尖廣名為多羅
樹葉也展上角垂名象鼻也腰間樂屈摺之名蚓摺也於前正上細攝角鼻名細攝也上
角鼻攝束兩作耳像名為耳也如羌帬下名生起也一切跡垂去得著也具下足如法无上衆遮
名周脊也被衣四事被上衣雇高內衣二寸具是名高下也兩角耳垂名象羌也无此三過周負
皆正名周脊也好覆身二事六群從佛受居士請入特目看四脚擗肘居士嫌之因制善
覆坐亦如是々文言內謂內々界々有々處白衣界內衆僧界內目復廣制一切處有嫌者不得若
心放兔雖无嫌亦不得著攝身二事六群入家內縱撫不視瞻壞器物林會人既制善入不

心放逸隨无慚亦不得著攝身二事六群入家内縱擲不視蹹壞器物然者人既制善入衣
善坐過亦因入田談後不高視二事六群從佛入城更請長者婦女樓上觀之言是世尊
此是舍利弗等此是六群俳視言此里此白捏婦女恚言我非汝婦亦非私通何以形相六群
答言我自從佛何多汝事而言六群因制入時不得高視坐亦如是不呵二事六群入時更相謂
言昨日飲食共好衣弟等与妹較亦好今日不如居士言沙門釋子不種不攫從他能噉食出罷
過因制呵入坐亦如是不高聲二事六群高聲入坐居士責之汝婆羅門法蹲行二事居士
嫌六群蹲行如截脚婆羅門法覆頭二事居士嫌六群覆頭行坐如似伺捕搖頭二事居
士嫌六群搖頭行坐如王大臣未隱人二事居士嫌六群肘隱人行坐如王大臣不扠腰二事
居士嫌六群叉腰行坐如王大臣不抄衣二事居士嫌六群左右抄衣行坐如王大臣不揙抄二事居士嫌
六群揙抄衣行坐如王大臣不覆右肩二事居士嫌六群行坐衣覆右肩全舉左肩上坐
大臣不挑髀二事居士嫌六群跂立挑髀行坐如種蒭人不搖肩二事居士嫌六群搖肩
行坐如王大臣不搖頭二事居士嫌六群搖頭行坐狀如鬼捏不搖身二事居士嫌六群
搖身行坐狀如僻人不攫手入內居士嫌六群攫手入內如王大臣攫手坐內居士嫌六
群言我請多僧長老相近坐六群言何不廣較坐處而令我等相近一邊不喜脚
入居士嫌六群繑一脚行入如王大臣繑音去橋偏攝一脚一邊不高脚坐內居士嫌六群橋脚坐如
一攫手入內中訖　一不累髀坐居士嫌六群累髀露形一邊不累脚坐居士嫌六群髀脚如

一擭手入肉中試　一不累脞坐居士嫌六羣累脞露形卵不累髀坐居士嫌六羣脞髀如
王如大臣不掌扶頰有一居士日門前獨坐牀上坐以手掌扶頰愁憂不樂六羣比丘
食見戲之令其語咲為役嫌厭一心受飯羹六羣從佛受居士請持鉢置前四望高視
居士下食六羣不覺過已問何以不与居士答言自看鉢中見已授我鉢來居士責言汝
等向者心在何處六羣受食已又不一心受羹菓如飯中受手俱受不俱則犯草草連臟手未
至而心以受无犯也不溢鉢受飯食六羣比丘過受飯羹居士嫌言溢出居士嫌言盡當更溢其少許不用捉
鉢不及无等犯羹飯食六羣以羹澆飯而食羹溢居士嫌之故制令等食不偏剜食六羣
以蘇酪及羹澆飯汁流下貪味故剜食如井居士嫌言如婆羅門食不講飯食居士嫌六羣
講飯食如小兒謂以鐵稱之米肉不大摶食如似有人欲奪驅逐不犯食
六羣手把食如田種人謂把食向口崖之不張口待食有一比丘食
未至口便大張待之六羣好戲以土塊著口中不含食語六羣
含食語羹飯流出令比坐吐之足不齧半食〻六羣嚙〻半已入口半
在手中不吸飯〻作聲摩男擇合飯佛及僧諸比丘吸食作聲有
一比丘先是伎兒為欲誑咲即便起搩特法比丘或共大咲羹飯
食從鼻中出不嚼食六羣嚼嚥〻作聲如賭耴不味咽食〻六羣并內飯兩頰然後消咽如
獼猴食法不吐舌食如小兒作是言誰能食吞搩不壞不縮鼻食六羣縮鼻食居士嫌之

𠯗猴食法不吐舌食如小兒作是言誰能食吞摶不壞不縮鼻食六群縮鼻食居士嫌之
何不如弃涕不舐手食居士語六群言盡當更益何以舐也不指抆鉢食居士語六群言盡當
更益何故抆鉢飯不振手食居士嫌六群食著手振去如王大臣不棄著手飯食六群
棄飯食居士嫌之言沙門釋子那種不擭但能噉食而後棄之不膩手捉飯器六群
膩手捉飯器膩汙飲食比坐心悶吐逆不病不得索羹六群不病至他舍乞食
便自隨意索食饕无愧不飯覆羹更望得六群覆羹而更索居士嫌語言先
食鉢中飯覆者不呵相看比坐鉢六群言我多汝少如多我少嫌視鉢食有比丘食鉢
餘看六群戲咲以肩著令驚水弟噉食六群角更不盡棄殘居士那嫌不舒而食去
何殘棄洗鉢水有飯不問主人不虛舍內居士舍水精作地法比丘洗鉢中有殘食為著堂
上牀似吐居士何不棄之屏處乃鳥堂上語種趣聽无罪无病乘上不得說法沒斯匿
王乘駕向祇桓六群在下為說法无上妙法貴其重尊輕徹不供敬役比護罪自
比以下皆不敬故不為人說不病在前行隨後為說法亦六群式在王後為說法
人不病在道中行自在外為說法六群自在道外行為王說法人坐自立不為法說王持
杖自隨在上坐六群比丘立為說法人无病臥自坐不為說法王身肥大小坐久便臥六群
坐為說法不為覆頭人說法王覆頭六群為說法不為裹頭人說法王裹頭六群
為說法不為肘隱人說法王肘隱六群為說法不為叉腰人說法王叉腰六群為說法

為說法不為肘隱人說法王肘隱六羣為說法不為叉腰人說法王叉腰六羣為說法
不為覆右肩抄衣人說法王右肩抄衣六羣為說法不為偏抄衣人說法王偏抄衣六羣為說
一 法一不為以衣覆右肩全舉右肩上人說法王如此六羣為說法不為著草屣人說法王
著屣々草上六羣為說法不為著跋人說法王著跋六羣為說法不為捉杖蓋刀楯弓箭人
說法此波斯匿王從者佛為王及大衆說法六羣別持杖等說是衆中有堪得道者以衆作三歲
歲不得因制不聽為是等人說法衆因分衆意在下敬故不聽說衆下草上大小第嗟六
羣比丘就草人長菜不得後竊汚之令草臭爛後因說之居士衆嫌不淨用水中大小便
嗟嗟六羣浣衣不得後竊汚其水令衆浣衣皆臭失色後自說之居士衆嫌佛呵責而咊
結式時舍衛國城中有一池多人衆用六羣往看便共汚之居士衆嫌佛乃結式不立大小便
因六羣結式樹過人不羅上佛与衆受居士請七日六羣比丘治守僧房六羣次為迎食常
相嘲嫉敬令逐食日時以以過隱而不至十七羣比丘飢上樹望見至已責之後言誰惠於言
一 叙上樹見佛未聽上樹因犯乃結 一七滅諍法 自言滅法 六羣比丘勸作浴僧看
客比丘逼闇来浴々已而起錯著佛衣出外乃知還衆未責六羣比丘問之便已賓客
遂誣其偷問言汝自見罪不答言覓便強為作不實見是客比丘後至舍衛以其
白佛々言從今聽自言滅諍法要言衆犯乃隨罪治之式其人𢙣暴或依勢力自言
罪求悔僧滅法自言乃治諍訖自息故僧中種々事起雁以此滅自言滅諍有十種非法十有

罪求覓僧滅法自言乃治諍訖自息故僧中種種事起應以此滅自言滅諍有十種非法十有
如法者比丘犯四重自言不犯僧問言如自說犯不自言不犯而与自言滅是名非法餘
四篇亦是如是比丘不犯五篇僧中問之自言我犯便与自言滅是名十種非比丘犯
五篇自言犯乃至不犯五篇自言不犯是名十如法者重事應以白羯磨自言滅之輕重
天羯磨弥多羅比丘尼以身謗他驃僧即用自言滅實彼尼若阤驃自言无罪封人言
有若言有罪而實清白若无進退无可故應用憶念而用自言耳若餘比丘清白无
一罪而无阤驃之剋應以自言滅之第二現前滅諍法六群聞无不見實比丘舍衛衆僧共
事後往到彼問其所由語比丘言佛以自言滅法諍滅是事六群達逆非謗不受言此事不
滅應滅等我不現前故佛種種因緣呵已聽滅法僧中種種諍事生起已此滅之現前諍
有二種非法二種如法僧約勑非法僧令伏折与現前滅諍法或勑約非法三人二人一人亦如是或
非法二人約勑非法三人二人人僧亦如是或非法二勑非法二人二人三人僧亦如是或非人約勑非法一人
二人三人僧亦如是為二不如法僧勑如法僧令伏与現前滅諍或約勑三人二人一人亦如是餘
如是說是名二非法有如法僧約勑如法僧為如法僧約勑如法僧為二三人二人一人多众
展轉相約勑亦如是名二法現前毗尼有三現前有事衆事人現前僧現比丘現此中直約
一勑无羯磨恥 一第三憶念法阤驃比丘為弥羅尼无根謗雖使邀而所謗說不息阤驃
告衆衆白佛言從聽憶念毗尼種種事後應用此滅憶念丘尼有三如法三非法者若比丘犯无殘自

告衆〻白佛〻言從聽憶念毗尼種〻事後癡用此滅憶念丘尼有三如法三非法者若比丘犯无殘自
言有殘癡与滅賓者与憶念是名非法大如施越往時作惡岂不作癡与不癡比尼若
与憶念是亦非法又呵如比丘先自言有羅癡与實覓而与憶念是亦非法如陀驃
与憶念是名如法又有比丘犯羅已如法悔過而謗說不息与其憶念亦名如法又如
比丘未作是事將如當犯於无罪共鬪說致諍訟与其憶念亦名如法得念〻憶〻尼行
法者不癡後出其罪過不癡憶念〻不癡乞聽亦不愛餘比丘乞聽得寄吉羅若不復出
其過罪者今憶念皆犯隨凡天罪而役諍說者皆癡白僧朱憶念羯磨僧癡白四羯
磨与憶〻念〻法〻者今自思念有罪天一切比丘得論說也憶念及不癡二等事護无罪
比丘為塵外謗也後必或有比丘犯罪不憶或自隱覆詐妄不憶衆欲治罪朱憶念
法衆亦白四羯磨与憶念法聽其隨思省所犯自憶罪時如法制也 一 第四不癡
法施越比丘先犯癡作惡復得大心不復更犯僧及比丘說其本過彼心憂愧
故白佛〻言從今聽不癡作尼種〻諍起以此滅之与不癡丘尼有如不如法若
彼自言憶本所作而与不癡是名非法若言不憶而与不癡是名如法如施
越 等僧与白四羯磨得不癡毗尼行法者餘比丘不癡復出其過罪乞聽等如憶
一念中說 一 第五實覓阿嘀比丘无慚无愧也欲有見聞疑罪先自言作後言不作
佛言聽用實覓滅諍法種〻事起以此滅之實覓毗尼有五非法有五如法五非

佛言聽用實覔滅諍法種〻事中從此滅之實覔毗尼有五非法有五如法五非
法者比丘犯四重先言不犯後言犯僧與滅擯而實覔是名非法五如法者比丘犯
五篇罪先言犯後言不犯僧與實覔毗尼是名如法僧與白四羯磨令如實思惟自
覔罪相故實覔是比丘不應與他受大戒不得受他依止不應畜新舊二彌沙不得
教比丘尼僧若羯磨令作比丘尼不應受僧所與實覔比丘罪更不應犯若似是罪
及遮是非亦不應作應呵僧羯磨亦不應呵作羯磨及呵作羯磨人不應從乞聽不應應
說戒及受戒自恣不出無罪比丘遮罪不共諍謂伏心行應隨順比丘僧意若不一切如是法
行者盡壽不離是羯磨法後次若實犯罪事証分明眾問自見罪不發言不見
應與是人不見覔復言見時乃隨得治之若自言犯罪而隱匿不悔應與不作覔賔
不作悔遮故因以名之為後來悔時隨罪聽悔上三人與作羯磨已眾不共作若不首不悔終身
一不為捨是羯磨也 〻第六多覔法俱念猕比丘闘諍相言已作是念若言舍利弗
斷主者穢等當得快了佛聞是已聽闡犁吒比丘斷事主受是斷事法如法毗尼
如佛教現前除滅闡犁吒有三種有身善口不善有口善身不善有身口善若闡犁
吒身不往舉事人有事人所而遣使至彼說好惡所宜彼此勝負是身善口不
善自往至彼而無所言說是名口善身不善身既不往口亦不言是名身口善凡作
闡犁吒應如法行不應與舉事人有事人得道行亦得別與一人同道行不應共

闍利吒應如法行不應与舉事人有事人得道行亦得別与一人同道行不應共
期若先少多因緣与期應滅是其其者期時期處也闍利吒受是斷事法如法現
除滅用毗尼法所謂現比尼現前有二種人現前比尼現前人現前者助舉事人共集
一處比丘現前者如法如毗尼如佛教是事是名比尼現前闍利吒不能如法斷事應
捨付僧僧應受是事如法斷用一現前比丘比丘者僧現前人現前比尼現前僧現前者是中可中
用共作羯磨比丘共同心和合處可受敬者持欲來現在比丘能應者不應是名僧現前
餘二現前如上說若不能僧法斷是持者應僧中立二人成就五法者白二羯磨使作
為迴鳩羅如法斷之用一現前比尼三種現前如上說若為迴鳩羅是上坐諸
比丘應聽你已遠去若是下坐應聽你已自遠去是為迴鳩羅不能如法斷者應
更立二人事悉如上後二人必有五德五德者不必多和相離大說法後立二人必能善說
聞人意也是後為迴鳩羅不能斷應還付先為和為和鳩舍羅後不能斷應還捨
付僧僧後不能如法斷者僧應遣使往近住處僧前作是言此事因緣如是闍利
吒不能斷眾僧不能斷先為和鳩羅不能斷後為和鳩羅不能還付先為和和
鳩羅鳩羅不能斷還付眾僧汝等來和合為斷是若事故即時後眾僧應和合先安
居應更七日來若七日盡應破安居來為和合故是近住處僧應受是事如法斷之
用三現前比尼亦如上若是後不能如法斷者今時僧僧應中白二羯磨二比丘為和鳩羅法亦

用三現前比尼亦如上若是後不能如法斷者爾時僧僧中白二羯磨為和鳩羅法亦
如上是二人不能斷應立法用亦如是是後為和鳩羅不能如法斷者應付先為和
鳩羅應用三現前毗尼如法斷之亦如是若復不能斷應捨付僧僧應用三現前比尼如法
斷之若是住處僧不能如法斷者聞其住處僧若有大德好上坐知說戒受戒法
是僧中多有比丘持脩多羅持比尼者持摩多羅伽者往處僧應以是事遣使至其
住處僧中應先立傳事人眾外滿然謂僧中若四人成就五德者立作傳傳事人是去道中能用二現
前如法斷者是名為斷若傳事道中不能如法斷者應持至大眾中語彼上坐多知
多識長宿比丘言是持如是是因緣起從闍利吒傳事人諸處不能斷是事是聞如長宿
能受是斷不若言應斷與作期若彼眾不肯作期不以事其法極遠乃至九月應事有
四往來 五者娛墜者 墜執是事聽者
五種難斷一者堅二者憩三者佷戾者舉事人有事人意姓瞋佷往來者此事從往處
律聽力佷戾者舉事人有事人
衆者諸比丘衆斷事時敬一心和合僧作敬前故先應白二羯磨立五德比丘行行籌籌人
令隨僧多少作種一分長一分捉一分白一分黑說如法為作長白籌說非法為作捉黑
為作捉黑籌說如法者以右授捉說非法者以左手急捉先行說法如籌應作
是言此是說如法者籌此是說非法者籌若行籌竟說如法籌乃至多一是事
名為斷用二比尼謂現前毗尼名覓比尼現前者是中舉事人共集一處現前如法除
斷覓比尼者是中未生又問如法除斷是說法者籌乃至多一亦如是從多而斷除

斷多覓比尼者是中未住反問如法除斷若說法者籌乃至多一亦如是從多覓斷

非衆現欲息諍和衆為矢白行籌人有四種一者藏行二者顛倒行籌三者期仁籌四者一切

藏行籌者若闇中若墻障處潛隱行之顛倒行者以說法人籌与說非法人

期行者隨和合同和上阿者利作期隨識隨共語隨善知識隨同心隨同王隨同衆

落隨家隨共在其寂等取如是籌如等莫異不共語不同事是名期一切僧取

籌者今時一切僧和合一處不得取欲恐多比丘說非法故是名一切取籌上三非

法行籌此一是如法行籌也若是大上坐律持比丘能得用三現前比尼如法斷者是名斷

為斷若復不能斷僧付傳傳事人人能用現前比尼如法斷者是名為斷若復不

能斷聞後處僧坊中有三比丘能持脩多羅持律持磨多羅伽四衆所恭敬尊重是

傳事人僧到彼住處語彼一比丘言大德是中如是如是因緣起從闍利吒乃至三比丘

三比丘展轉往返十五處中不能斷大德取是事如法斷之是衆一比丘四衆所恭敬尊

重者僧僧作是言不可二人相俱勝俱負是中必一勝一負作是語者是如法說作是

語是非法說一比丘如是分別者是名為斷如法斷者已相言比丘還更發起者犯波夜提

若但言是斷非者突吉羅闍利吒種言大德不動其辟如地也為和鳩羅能定是非

傾平如稱調不隨愛故捨有罪不隨瞋故罸無罪亦不畏怖彼人退法亦不疑

故不畏罪而輕斷事又能了知斷不斷心行如此為迴鳩羅多貢者成辛多處

故不衆罪若輕斷事不能了知斷不斷心行如此爲烏迴鳩羅多覓者咸言多覓
一衆斷或從多為斷故名多覓也　第七布草毗尼　俱舍彌比丘鬪諍相言聽種種事起
以草滅之是（諸）比丘僧和合一處以僧作是念諸長老我等大失非得大衰大利大德不善
我（以）信故佛法出家求道然今共鬪諍相言我等是事根本者僧或（事）未起事便起（已起）不可滅作是
念故白僧若僧時到僧忍聽是事以布草毗尼滅是名由此明諸相言比丘共和合一處如上念已
今人白僧共用布草毗尼法也諸比丘分作二部是中若有上坐大長老僧語此一部言我（大）失非得大衰
非利大德不善我（等）信故佛法（中）出家求道然今善（喜）鬪諍相言若我求是事根本者僧中或未起
事已起事不可滅今汝等當自屈意我等所作罪除偷蘭罪除白衣相違罪是事如我等
現前發露悔過不覆藏是中若無一比丘應是事者既分為二部之一部衆有本長老上坐亦悔過
時下坐部僧先白上坐部求悔作如上言若有偷蘭罪除當穢磨滅之今是（罪）悔過和合故
除偷蘭也与白衣共諍名白衣相違罪白衣相違罪亦當就彼和合悔過非僧所滅又且除之白上坐部
時无一應者明其歡喜受（其）悔也僧到第二部衆是中若有長老上坐僧語我等大失非得大衰
非利大德不善我善（等）信故於佛出家求道今鬪諍相言若我等求是事根本者僧（中）或未起（事）已
起不可滅今汝等當自屈意我等所作罪（除）偷蘭處除白衣相違罪今自為及彼故當現前發
露悔過不覆藏前白上坐部求悔也諸比丘如（言）自見罪不否言見衆又言如法悔過莫復更
起彼第二部衆僧亦如是說是名如草布毗尼法去草布者[illegible]

延役第二部衆僧亦如是說是名如草布毗尼法草草布有何義謂悔過時柔濡下意伏

折憍慢如草布地故借以為名也第二部是上坐部也　戒緣下卷

比丘法救所供養經安太四年七月三日唐兒祠中寫竟首薄可愧須更之

BD00077A 妙法蓮華經卷二

（後秦）鳩摩羅什 譯

49.6cm × 25.9cm

正法滅已盡　像法三十二　舍利廣流布　天人普供養
華光佛所爲　其事皆如是　其兩足聖尊　㝡勝无倫匹
彼即是汝身　宜應自欣慶
尒時四部衆比丘比丘尼優婆塞優婆夷天
龍夜叉乾闥婆阿修羅迦樓羅緊那羅摩睺
羅伽等大衆見舍利弗於佛前受阿耨多羅
三藐三菩提記心大歡喜踊躍无量各各脫
身所著上衣以供養佛釋提桓因梵天王等
與无數天子亦以天妙衣天曼陁羅華摩訶
曼陁羅華等供養於佛所散天衣住虛空中
而自迴轉諸天伎樂百千萬種於虛空中一
時俱作雨衆天華而作是言佛昔於波羅柰
初轉法輪今乃復轉无上㝡大法輪尒時諸
天子欲重宣此義而說偈言

昔於波羅奈　轉四諦法輪　分別說諸法　五衆之生滅
今復轉冣妙　无上大法輪　是法甚深奥　少有能信者
我等從昔来　數聞世尊說　未曾聞如是　深妙之上法
世尊說是法　我等皆隨喜　大智舍利弗　今得受尊記
我等亦如是　必當得作佛　於一切世間　冣尊无有上
佛道叵思議　方便隨宜說　我所有福業　今世若過世
及見佛功德　盡迴向佛道
尒時舍利弗白佛言世尊我今无復疑悔親
於佛前得受阿耨多羅三藐三菩提記是諸
千二百心自在者昔住學地佛常教化言我
法能離生老病死究竟涅槃是學无學人亦
各自以離我見及有无見等謂得涅槃而今
於世尊前聞所未聞皆墮疑惑善哉世尊願
為四衆說其因緣令離疑悔尒時佛告舍利

BD00077B 妙法蓮華經卷四

（後秦）鳩摩羅什 譯

243cm × 26.3cm

憍陳如比丘　當見无量佛　　乃成等正覺
常放大光明　具足諸神通　　一切之所敬
常說无上道　故号為普明　其國土清淨　菩薩皆勇猛
咸昇妙樓閣　遊諸十方國　以无上供具　奉獻於諸佛
作是供養已　心懷大歡喜　須臾還本國　有如是神力
佛壽六万劫　正法住倍壽　像法復倍是　法滅天人憂
其五百比丘　次第當作佛　同号曰普明　轉次而授記
我滅度之後　某甲當作佛　其所化世間　亦如我今日
國土之嚴淨　及諸神通力　菩薩聲聞衆　正法及像法
壽命劫多少　皆如上所說　迦葉汝已知　五百自在者
餘諸聲聞衆　亦當復如是　其不在此會　汝當為宣說
尒時五百阿羅漢於佛前得受記已歡喜踊

世尊我等常作是念自謂已得究竟滅度今
乃知之如无智者所以者何我等應得如来智
慧而便自以小智為足世尊譬如有人至親
友家醉酒而卧是時親友官事當行以无
價寶珠繫其衣裏與之而去其人醉卧都
不覺知起已遊行到於他國為衣食故勤力
求索甚大艱難若少有所得便以為足於後
親友會遇見之而作是言咄哉丈夫何為衣
食乃至如是我昔欲令汝得安樂五欲自恣
於某年日月以无價寶珠繫汝衣裏今故現在
而汝不知勤苦憂惱以求自活甚為癡也汝
今可以此寶貿易所須常可如意无所乏短
佛亦如是為菩薩時教化我等令發一切智
心而尋廢忘不知不覺既得阿羅漢道自謂

心而尋廢忘不知不覺既得阿羅漢道自謂
滅度資生艱難得少為足一切智願猶在不失
今者世尊覺悟我等作如是言諸比丘汝等
所得非究竟滅我久令汝等種佛善根以方
便故示涅槃相而汝謂為實得滅度世尊我
今乃知實是菩薩得受阿耨多羅三藐三菩
提記以是因緣甚大歡喜得未曾有尒時阿
若憍陳如等欲重宣此義而說偈言
我等聞无上　安隱授記聲　歡喜未曾有　礼无量智佛
今於世尊前　自悔諸過咎　於无量佛寶　得少涅槃分
如无智愚人　便自以為足　譬如貧窮人　往至親友家
其家甚大富　具設諸餚饍　以无價寶珠　繫著內衣裏
嘿與而捨去　時卧不覺知　是人既已起　遊行詣他國

苦切責之已　示以所繫珠　貧人見此珠　其心大歡喜
富有諸財物　五欲而自恣　我等亦如是　世尊於長夜
常愍見教化　令種無上願　我等無智故　不覺亦不知
得少涅槃分　自足不求餘　今佛覺悟我　言非實滅度
得佛無上慧　尒乃為真滅　我今從佛聞　授記莊嚴事
及轉次受決　身心遍歡喜

妙法蓮華經授學無學人記品第九

尒時阿難羅睺羅而作是念我等每自思惟
設得受記不亦快乎即從座起到於佛前頭
面禮足俱白佛言世尊我等於此亦應有分
唯有如來我等所歸又我等為一切世間天
人阿脩羅所見知識阿難常為侍者護持法
藏羅睺羅是佛之子若佛見授阿耨多羅三

人向脩羅所見知識阿難常為侍者護持法
藏羅睺羅是佛之子若佛見授阿耨多羅三
藐三菩提記者我願既滿衆望亦足尒時學
无學聲聞弟子二千人皆從座起偏袒右肩
到於佛前一心合掌瞻仰世尊如阿難羅睺
羅所願住立一面尒時佛告阿難汝於來世當
得作佛号山海慧自在通王如來應供正遍
知明行足善逝世間解无上士調御丈夫天
人師佛世尊當供養六十二億諸佛護持法
藏然後得阿耨多羅三藐三菩提教化二十千
万億恒河沙諸菩薩等令成阿耨多羅三藐
三菩提國名常立勝幡其土清淨瑠璃為
地劫名妙音遍滿其佛壽命无量千万億
阿僧祇劫若人於千万億无量阿僧祇劫中

筭數校計不能得知正法住世倍於壽命像
法住世復倍正法阿難是山海慧自在通王佛
為十方无量千万億恒河沙等諸佛如來所
共讚歎稱其功德尒時世尊欲重宣此義而
說偈言
我今僧中說　阿難持法者　當供養諸佛　然後成正覺
号曰山海慧　自在通王佛　其國土清淨　名常立勝幡
教化諸菩薩　其數如恒沙　佛有大威德　名聞滿十方
壽命无有量　以愍衆生故　正法倍壽命　像法復倍是
如恒河沙等　无數諸衆生　於此佛法中　種佛道因緣
尒時會中新發意菩薩八千人咸作是念我
等尚不聞諸大菩薩得如是記有何因緣而
諸聲聞得如是決尒時世尊知諸菩薩心之
所念而告之曰諸善男子我與阿難等於空

所念而告之日諸善男子我與阿難等於空
王佛所同時發阿耨多羅三藐三菩提心阿難
常樂多聞我常勤精進是故我已得成阿
耨多羅三藐三菩提而阿難護持我法亦護
將來諸佛法藏教化成就諸菩薩衆其本願
如是故獲斯記阿難面於佛前自聞授記及
國土莊嚴所願具足心大歡喜得未曾有即
時憶念過去无量千万億諸佛法藏通達
无礙如今所聞亦識本願尒時阿難而說偈言

世尊甚希有　令我念過去　无量諸佛法　如今日所聞
我今无復疑　安住於佛道　方便為侍者　護持諸佛法

尒時佛告羅睺羅汝於來世當得作佛号蹈
七寶華如來應供正遍知明行足善逝世間

十世界微塵等數諸佛如来常為諸佛而
作長子猶如今也是蹈七寶華國土莊嚴壽
命劫數所化弟子正法像法亦如山海慧自在
通王如来无異亦為此佛而作長子過是
已後當得阿耨多羅三藐三菩提尒時世尊
欲重宣此義而說偈言
我為太子時　羅睺為長子　我今成佛道　受法為法子
於未来世中　見无量億佛　皆為其長子　一心求佛道
羅睺羅密行　唯我能知之　現為我長子　以示諸衆生
无量億千万　功德不可數　安住於佛法　以求无上道
尒時世尊見學无學二千人其意柔軟寂然
清淨一心觀佛告阿難汝見是學无學二千
人不唯然已見阿難是諸人等當供養五十世
界微塵數諸佛如来恭敬尊重護持法藏

界微塵數諸佛如來恭敬尊重護持法藏
末後同時於十方國各得成佛皆同一号名
曰寶相如來應供正遍知明行足善逝世
間解无上士調御丈夫天人師佛世尊壽命
一劫國土莊嚴聲聞菩薩正法像法皆悉同
等尒時世尊欲重宣此義而說偈言
是二千聲聞　今於我前住　悉皆與受記　未來當成佛
所供養諸佛　如上說塵數　護持其法藏　後當成正覺
各於十方國　悉同一名号　俱時坐道場　以證无上慧
皆名為寶相　國土及弟子　正法與像法　悉等无有異
咸以諸神通　度十方衆生　名聞普周遍　漸入於涅槃
尒時學无學二千人聞佛授記歡喜踊躍
而說偈言

妙法蓮華經法師品第十
尒時世尊因藥王菩薩告八万大士藥王汝
見是大衆中无量諸天龍王夜叉乹闥婆阿
脩羅迦樓羅緊那羅摩睺羅伽人與非人及
比丘比丘尼優婆塞優婆夷求聲聞者求辟
支佛者求佛道者如是等類咸於佛前聞妙
法華經一偈一句乃至一念隨喜者我皆與受
記當得阿耨多羅三藐三菩提佛告藥王
又如來滅度之後若有人聞妙法華經乃至
一偈一句一念隨喜者我亦與受阿耨多羅三
藐三菩提記若復有人受持讀誦解說書
寫妙法華經乃至一偈於此經卷敬視如佛
種種供養華香瓔珞末香塗香繒蓋幢幡
衣服伎樂乃至合掌恭敬藥王當知是諸

衣服伎樂乃至合掌恭敬藥王當知是諸
人等已曾供養十万億佛於諸佛所成就大
願愍衆生故生此人間藥王若有人問何等
衆生於未來世當得作佛應示是諸人等於

BD00078-1 思益梵天所問經（异本）卷一

（後秦）鳩摩羅什 譯

BD00078-2 思益梵天所問經（异本）卷二

（後秦）鳩摩羅什 譯

BD00078-3 思益梵天所問經（异本）卷三

（後秦）鳩摩羅什 譯

BD00078-4 思益梵天所問經（异本）卷四

（後秦）鳩摩羅什 譯

1759.6cm × 27cm

□薩有四法□……
阿耨多羅三藐三菩提心五千人得无生法忍十方諸來菩薩供養於□……
花周遍三千大千世界積至于膝　尒時網明菩薩問思益梵天言佛說汝於正問
菩薩中爲最第一何謂菩薩所問爲正問耶梵天言網明若菩薩以彼我問名爲
邪問分別法問名爲邪問若无彼我問名爲正問不分別法問名爲正問又網明以
生故問名爲邪問以滅故問名爲邪問若不以生故問不以
滅故問不以住故問名爲正問又網明若菩薩爲垢故問名爲邪問爲淨故問名爲邪
問爲生死故問名爲邪問爲出生死故問名爲邪問爲涅槃故問名爲邪問若
不爲垢淨故問不爲生死出生死故問不爲涅槃故問名爲正問所以者何法□……
垢无淨无生死无涅槃又網明若菩薩爲見故問爲斷故問爲證故問爲脩故問
爲得故問爲果故問名爲邪問若无見无斷无證无脩无得无果故問……
又網明是善是不善名爲邪問是世間法是出世間法是有罪法是无罪……
法是无漏法是有爲法是无爲法如是等二法隨所依而問者名爲邪問……
見二不見不二問名爲正問又網明若菩薩分別佛問名爲邪問分別法問……
分別衆生分別佛國分別諸乘問名爲邪問若於法不作一異問者名爲……
網明一切法正一切法邪網明言梵天何謂一切法正一切法邪梵天言於諸法性……
法名爲正若於无心法中以心分別觀者一切法名爲邪一切法離相名爲正……
是離相是即分別諸法若分別諸法則入增上慢隨所分別皆名爲邪網……

令知若當知是人无有法已得无有法今得无有法當得所以者何佛說无分別
名爲所作已辦相若人聞是法正性勤行精進是名如說脩行不從一地至一地若不
從一地至一地是人不在生死不在涅槃所以者何諸佛不得生死不得涅槃網明
言佛不爲度生死故說法耶梵天言佛所示法有度生死耶網明言无也梵天言
以是因緣當知佛不令衆生出生死入涅槃但爲度妄想分別生死涅槃二相者耳
此中實无度生死至涅槃者所以者何諸法平等无有往來生死无入涅槃尒時世
尊讚思益梵天言善哉善哉說諸法正性應如汝說說是法時二千比丘不受諸
法漏盡心得解脫佛告梵天我不得生死不得涅槃如來雖說生死實无有人往來
生死雖說涅槃實无有人得滅度者若有入此法門者是人非生死相非滅
度相尒時會中五百比丘從座而起作是言我等空脩梵行今實見有
滅度者而言无有滅度我等何用脩道求智慧爲尒時網明菩薩白佛言
世尊若有於法生見則於其人佛不出世世尊若有決定見涅槃者是人不度生死所
以者何涅槃名爲除滅諸相遠離一切動念戲論世尊是諸比丘於佛正法出家而
今墮於外道邪見見涅槃決定相譬如從麻出油從酪出蘇世尊若人於諸法
滅相中求涅槃者我說是輩皆爲增上慢人世尊正行道者於法不作生不作滅无得
无果網明謂梵天言是五百比丘從坐起者汝當爲作方便引導其心入此法門令
得信解離諸邪見梵天言善男子縱使令去至恒河沙劫不能得出如此諸門譬
如癡人畏於虛空捨空而走在所至處不離虛空此諸比丘亦復如是雖復遠去不
出空相不出无相相不出无作相又如一人求索虛空東西馳走言我欲得空我欲得

如癡人畏於虛空捨空而走在所至處不離虛空此諸比丘亦復如是欲行遠去不
出空相不出无相相不出无作相又如一人求索虛空東西馳走言我欲得空我欲得
空是人但說虛空名字而不得空於空中行而不見空此諸比丘亦復如是欲求涅槃
行涅槃中而不得涅槃所以者何涅槃者但有名字猶如虛空但有名字不可得取涅
槃亦復如是但有名字而不可得尒時五百比丘聞說是法不受諸法漏盡心得解
脫得阿羅漢道作是言世尊若有人於諸法畢竟滅相中求涅槃者則於其人
佛不出世世尊我等今者非凡夫非學非无學不在生死不在涅槃所以者何佛
出世故名為遠離一切動念戲論尒時長老舍利弗謂諸比丘言汝今得正智為已
利耶五百比丘言長老舍利弗我等今者得諸煩惱不可作而作舍利弗言何故說
此諸比丘言知諸煩惱實相故言得諸煩惱涅槃是无作性我等已證故說不可作
而作舍利弗言善哉善哉汝等今者住持福田能消供養諸比丘言大師世尊尚
不能消諸供養何況我等舍利弗言何故說此諸比丘言世尊知見法性性常淨故於
是愚蓋梵天白佛言世尊誰應受供養佛言梵天不為世法之所牽者世尊誰
能消供養佛言於法无所取者世尊誰為世間福田佛言不壞菩提性者世尊誰
為衆生善知識佛言於一切衆生不捨慈心者世尊誰知報佛恩佛言不斷佛種者
世尊誰能供養佛佛言能通達无生際者世尊誰能親近於佛佛言乃至失命因緣
不毀禁者世尊誰能恭敬於佛佛言善覆六根者世尊誰名財富佛言成就七財者
世尊誰名知足佛言得出世間智慧者世尊誰為遠離佛言於三界中无所願者
世尊誰為具足佛言能斷一切諸結使者世尊誰為樂人佛言无貪著者世尊誰

何謂菩薩能奉禁戒佛言常能不捨菩提之心世尊何謂菩薩能行忍辱佛言
見心相念念滅世尊何謂菩薩能行精進佛言求心相不可得世尊何謂菩薩能行
禪定佛言除身心麁相世尊何謂菩薩能行智慧佛言於一切法无有戲論世尊何
謂菩薩能行慈心佛言不生衆生想世尊何謂菩薩能行悲心佛言不生法想世尊
何謂菩薩能行喜心佛言不生我想世尊何謂菩薩能行捨心佛言不生彼我想世尊
何謂菩薩安住於信佛言信解心淨无有濁法世尊何謂菩薩安住於空佛言不著一
切語言世尊何謂菩薩名爲有慚佛言知見内法世尊何謂菩薩名爲有愧佛言
捨於外法世尊何謂名爲菩薩遍行佛言能淨身口意業尒時世尊而說偈言
若淨身无惡　口淨常實語　心淨常行慈　是菩薩遍行　行慈无貪著　觀不淨无恚　行捨而不癡
是菩薩遍行　若在聚落野　及與處大衆　威儀終不轉　是菩薩遍行　知法名爲佛　知離名爲法
知无爲名僧　是菩薩遍行　知多欲所行　知恚癡所行　善知轉此行　是菩薩遍行　不依止欲界
不住色无色　行如是禪定　是菩薩遍行　信解諸法空　及无相无作　而不盡諸漏　是菩薩遍行
善知聲聞乘　及辟支佛乘　通達於佛乘　是菩薩遍行　明解於諸法　不疑道非道　增愛心无異
是菩薩遍行　於過去未來　及與現在世　一切无分別　是菩薩遍行　尒時思益梵天白佛言
世尊何謂菩薩過世間法通達世間法通達世間法已度衆生於世間法行於世間
不壞世間尒時世尊以偈答曰　說五陰是世　世間所依止　依止於五陰　不脫世間法
菩薩有智慧　知世間實性　所謂五陰如　世間法不染　利衰及毀譽　稱譏與苦樂　如此之八法
常牽於世間　大智慧菩薩　散滅世間法　見世壞敗相　處之而不動　得利心不高　失利心不下

[illegible]
常處於世間　大智慧菩薩　散識世間法　見世壞敗相　處之而不動　得利心不高　失利心不下
其心堅不動　譬如須彌山　利衰及毀譽　稱譏與苦樂　於此世八法　其心常平等　知世間虛妄
皆從顛倒起　如是之人等　不行世間道　世間所有道　菩薩皆識知　故能於世間　度衆生苦惱
雖行於世間　如蓮華不染　亦不壞世間　通達法性故　世間行世間　不是知世間　菩薩行世間
明了世間相　世間虛空相　虛空亦无相　菩薩知如是　不染於世間　如所知世間　隨知而演說
知世間性故　亦不壞世間　五陰无自性　是即世間法　若人不知是　常淺於世間　若見知五陰
无生亦无滅　是人行世間　而不依世間　凡夫不知法　於世起諍訟　是實是不實　住是二相中
我常不與世　起於諍訟事　世間之實相　悉以了知故　諸佛所說法　皆悉无諍訟　知世平等故
非實非虛妄　若佛法決定　有實有虛妄　是即為貪著　與外道无異　而今實義中　无實无虛妄
是故我常說　出世法无二　若人知世間　如是之實性　於實於虛妄　不取此惡見　如是知世相
清淨如虛空　是大名稱人　照世間如日　若人見世間　如我之所見　如斯之人等　能見十方佛
諸法從緣生　自无有定性　若知此因緣　則達法實相　若知法實相　是則知空相　若能知空相
則為見導師　若有人得聞　如是世間相　雖行於世間　而不住世間　依止諸見人　不能及此事
云何行世間　而不依世間　若佛滅度後　有樂是法者　佛則於其人　常現於法身　若人解達此
則守護我法　亦為供養我　亦是世導師　若人須臾聞　此世間性相　是人終不為　惡魔所得便
若能達此義　則為大智慧　法財之施主　亦是具禁戒　若知世間性　忍辱力勇健　具足諸禪定
通達於智慧　所在聞是法　其方則有佛　如是諸菩薩　不久坐道場　若有聞受持　如是世間性
則能降衆魔　疾得无上道　佛復告思益梵天　如如來出過世間　亦說世間苦世間集

別生見而說是名世間苦不捨是見是名世間集是見自相是名世間滅隨以何道不
取是見名世間滅道梵天以是因緣故我為外道仙人說言仙人於汝身中即說世
間苦世間集世間滅世間滅道尒時思益梵天白佛言世尊所說四聖諦何等
是真聖諦梵天苦不名為聖諦苦集不名為聖諦苦滅不名為聖諦苦滅道
不名為聖諦所以者何若苦是聖諦者一切牛驢畜生等皆應有苦聖諦若集是
聖諦者一切在所生處眾生皆應有集聖諦所以者何以集故生諸趣中若苦滅
是聖諦者觀滅者說斷滅者皆應有滅聖諦若道是聖諦者緣一切有為道
者皆應有道聖諦梵天以是因緣故當知聖諦非苦非滅非集非道聖諦者知
苦無生是名苦聖諦知集無和合是名集聖諦於畢竟滅法中知無生無滅是名
滅聖諦於一切法平等以不二法得道是名道聖諦梵天真聖諦者無有虛妄虛
者妄所謂著我著眾生著人著壽命者著養育者著有著無著生著滅著
生死著涅槃梵天若行者言我知見苦是虛妄我斷集是虛妄我證滅是虛妄我
脩道是虛妄所以者何是人違失佛所許念是故說虛妄何等是佛所許念所謂不憶
念一切諸法是為佛所許念若行者住是念中則不住一切相若不住一切相則住實際若住
實際是名不住心若不住心是人名為非實語非妄語者梵天是故當知若非實非虛
妄者是名聖諦梵天實者終不住不實若有佛若無佛法性常住所謂生死性涅槃性
常實所以者何非離生死得涅槃名為聖諦若人證如是四聖諦是名世間實語者梵
天當來有比丘不脩身不脩戒不脩心不脩慧是人說生相是苦諦眾緣和合是集
諦滅法是滅諦以二相求法是道諦佛言我說此愚人等是外道徒黨我非彼人師彼

諦滅法是滅諦以二相求法是道諦佛言我說此愚人等是外道徒黨我非彼人師彼
非我弟子是人墮於邪道破失法故說言有諦梵天汝且觀我坐道場時不得一法是
實是虛妄若佛不得法是法寧可於衆生中有言說有議論有教化耶梵天言不也
世尊梵天以諸法无所得故諸法離自性故我說菩提是无貪愛相尒時思益梵天
白佛言世尊若如來於法无所得者有何利益說如來得菩提名為佛佛言梵天
於汝意云何我所說諸法若有為若无為是法為實為虛妄耶梵天言是法虛妄
非實於汝意云何若法虛妄非實是法為有為无梵天言世尊若法虛妄是法不
應說有不應說无梵天於汝意云何若法非有非无是法有得者不梵天言无有得者
梵天如來坐道場時唯得虛妄顛倒所起煩惱畢竟空性以无所得故得以无所知
故知所以者何我所得法不可見不可聞不可覺不可識不可取不可著不可說不
可難出過一切法相无語无說无有文字无言說道梵天此法如是猶如虛空汝欲於如
是法中得利益耶梵天言不也世尊諸佛如來甚為希有成就未曾有法深入大
慈大悲得如是寂滅相法而以文字言說教人令得悟解世尊其有聞是能信解
者當知是人不從小功德來世尊是法一切世間之所難信所以者何世間貪著實而
是法无實无虛妄世間貪著法而是法无法无非法世間貪著涅槃而是法无生
死无涅槃世間貪著善法而是法无善无非善世間貪著樂而是法无苦无樂世
間貪著佛出世而是法无佛出世亦无涅槃雖有說法而是法不可說相雖讚說僧
而僧即是无為是故此法一切世間之所難信譬如水中出火火中出水難可得信
如是煩惱中有菩提菩提中有煩惱是亦難信所以者何如來得是虛妄顛倒煩

已親近无量諸佛當知是人已供養无量諸佛當知是人為善知識所護當
知是人志意曠大當知是人善根深厚當知是人守護諸佛法藏當知是人能善
思量起於善業當知是人種姓尊貴生如來家當知是人能行大捨捨諸煩惱當
知是人得持戒力非煩惱力當知是人得忍辱力非瞋恚力當知是人得精進力无
有疲懈當知是人得禪定力滅諸惡心當知是人得智慧力離惡邪見當知是人
一切惡魔不能得便當知是人一切怨賊所不能破當知是人不誑世間當知是人是真
語者善說法相故當知是人是實語者說第一義故當知是人善為諸佛之所護
念當知是人柔和軟善同止安樂當知是人名為大富有聖財故當知是人常能知
足行聖種故當知是人易滿易養離貪食故當知是人得安隱心到彼岸故當知
是人度未度者當知是人解未解者當知是人安未安者當知是人滅未滅者當知
是人能示正道當知是人能說解脫當知是人為大醫王善知諸藥當知是人猶如
良藥善療眾病當知是人智慧勇健當知是人為有大力堅固究竟當知是
人有精進力不隨他語當知是人為如師子无所怖畏當知是人為如象王其心調柔
當知是人為如老象其心調順當知是人為如牛王能導大眾當知是人為大勇健
能破魔怨當知是人為大丈夫處眾无畏當知是人无所忌難得无畏法故當知是
人无所畏難說真諦法故當知是人其清白法如月盛滿當知是人智慧光照
猶如日明當知是人除諸闇冥猶如執炬當知是人樂行捨心離諸憎愛當知是人載
育眾生猶如地當知是人洗諸塵垢猶如水當知是人燒諸動念猶如火當知是人
於法无著猶如風當知是人其心不動猶須弥當知是人其心堅固猶如金剛當知是

BD00078-1　思益梵天所問經（异本）卷一

青衆生猶如地當知是人洗諸塵垢猶如水當知是人燒諸動念猶如火當知是人
於法无障猶如風當知是人其心不動猶須弥當知是人其心堅固如金剛山當知是
人一切外道巔膝論者所不能動當知是人一切聲聞辟支佛所不能測當知是人多
饒法寶猶如大海當知是人煩惱不現如陁波羅當知是人求法无猒當知是人以智慧
知是當知是人能轉法輪如轉輪王當知是人身色殊妙如天帝釋當知是人得心自
在如梵天王當知是人說法音聲猶如雷震當知是人降法甘露猶如時雨當知是人
能增長无漏根力分覺分當知是人已度生死淤泥當知是人入佛智慧當知是人
近佛菩提當知是人能多學問无與等者當知是人无有量已過量當知是人
智慧辯才无有障㝵當知是人憶念堅固得陁羅尼當知是人知諸衆生深心
所行當知是人行於正念正觀諸法解達義趣當知是人懃行精進利安世間當知是
超出於世當知是人不可汙染猶如蓮華當知是人不為世法所覆當知是人利根者
所愛當知是人多聞者所敬當知是人智者所念當知是人人天供養當知是人坐禪
者所敬礼當知是人善人所貴當知是人聲聞辟支佛之所貪慕當知是人不貪小
行當知是人不覆藏罪不顯功德當知是人威儀備具生他淨心當知是人身色端
正見者悅樂當知是人有大威德衆所宗仰當知是人以三十二相莊嚴其身當知
是人能紹佛種當知是人能護法寶當知是人能供養僧當知是人諸佛所見當知是
人為得法眼當知是人以佛智慧而得受記當知是人具足三忍當知是人安住道場
當知是人破壞魔軍當知是人得一切種智當知是人轉於法輪當知是人作无量佛

行亦教他人如說脩行如是之人我以一劫若減一劫說其功德猶不能盡

思益梵天所問經卷第二　佛告梵天汝何能稱說是人功德如如來以无㝵智慧之

所知乎是人所得功德復過於此若人能於如來所說文字言說章句通達隨順不

違不逆和合爲一隨其義理不隨章句言辭而善知言辭所應之相知如來以何言說說

法以何隨宜說法以何方便說法以何法門說法以何大悲說法梵天若菩薩能知

如來以是五力說法是菩薩能作佛事梵天言何謂如來所用五力佛言一者說法二

者隨宜三者方便四者法門五者大悲是名如來所用五力一切聲聞辟支佛所不

能及世尊何謂爲說佛言梵天如來說過去法說未來現在法說垢淨法說世

間出世間法說有罪无罪法說有漏无漏法說有爲无爲法說我人衆生壽者法

說得證法說生死涅槃法梵天當知是諸言說如幻人說无決定故如夢中說虛妄見

故如響聲說從空出故說如影衆緣和合故說如鏡中像因不入鏡故說如野馬顛倒見

故說如虛空无生滅故當知是諸言說爲无所說諸法相不可說故梵天若菩薩能

知此諸說者是菩薩雖有一切言說而於諸法无所貪著以不貪著故得无㝵辯才

以是辯才若恒河沙劫說法无盡无㝵諸有言說不壞法性亦復不著不壞法性梵

天是名如來說也梵天言世尊何謂如來隨宜所說佛言如來或垢法說淨淨法

說垢菩薩於此應知如來隨宜所說梵天何謂垢法說淨不得垢法性故何謂淨法

說垢貪著淨法故梵天我說布施即是涅槃凡人无智不能善解隨宜所說菩薩

應如是思量布施後得大富此中无法可從一念至一念若不從一念至一念即是諸

應如是思量布施後得大富此中无法可從一念至一念若不從一念至一念即是諸
法實相諸法實相即是涅槃持戒是涅槃不作不起故忍辱是涅槃念念滅故
精進是涅槃无所取故禪定是涅槃不貪味故智慧是涅槃不得相故貪欲是
實際法性无欲相故瞋恚是實際法性无瞋相故愚癡是實際法性无癡相
故生死是涅槃无退无生故涅槃是生死以貪著故實語是虛妄生語見故虛妄是
實語為增上慢人故又梵天如來以隨宜故或自說我是說常邊者或自說我是斷
說斷邊者或自說我是說无作者或自說我是耶見者或自說我是不信者或自
說我是不知恩者或自說我是貪吐者或自說我是不愛者如來无有如此諸事而
有此說當知是為隨宜所說欲令眾生捨增上慢故若菩薩善通達如來隨宜所
說者若聞佛出世便信受亦眾生善業色身果報故若聞佛不出世亦信受諸
佛法性身故若聞佛說法亦信受為喜樂文字眾生故若聞佛不說法亦信受諸
法信性以不可說故若聞有涅槃亦信受滅顛倒所起煩惱故若聞无涅槃亦信受諸
法无生滅相故若聞有眾生亦信受入世諦門故若聞无眾生亦信受入第一義故
梵天菩薩如是善知如來隨宜所說於諸音聲无疑无畏亦能利益无量眾生
世尊何謂方便佛言如來為眾生說布施得大富持戒得生天忍辱得端政精進
得具諸功德禪定得法喜智慧得捨諸煩惱故多聞得智慧故行十善道得人天
福樂故慈悲喜捨得生梵世故禪定得如實智慧故如實智慧得道果故學地
得无學地故辟支佛地得消諸供養故佛地得无量智慧故涅槃得滅一切苦惱
故梵天我如是方便為眾生讚說是法如來實不得我人眾生壽命者亦不得施亦

若亦不得樂梵天若衆生聞是法者勤行精進是人為何利故勤行精進不得
是法者須陁洹果斯陁含果阿那含果阿羅漢果辟支佛道阿耨多羅三藐
三菩提乃至无餘涅槃亦復不得梵天是名如來方便說也菩薩於此事方便說法中應
勤精進令諸衆生得於法利世尊何謂法門佛言眼是解脫門耳鼻舌身意是
解脫門所以者何眼空无我无我所性自離耳鼻舌身意空无我无我所性
性自離梵天當知是諸入皆空是解脫（門）正行則不誑（虛）故色聲香味觸法亦復如是
一切諸法皆入是門所謂空門无相門无作門无生門无滅門无所從來門无所從去
門无退門无起門性常清淨門離自體門又梵天如來於一切文字中亦是解脫
門所以者何諸文字性无合无用性鈍故梵天當知如來於一切文字中說聖諦說
解脫門如來所說法无有垢一切諸法皆入解脫令住涅槃是名如來說法入於法
門菩薩於此法門應當修學　世尊何謂大悲佛言如來以卅二種大悲救護衆
生何等卅二一切諸法无我而衆生不信不解如來於此而起大悲一切法无衆生而衆
生說有衆生如來於此而起大悲一切法无壽命者而衆生說有壽命者如來於此
而起大悲一切法无人而衆生說有人如來於此而起大悲一切法无所有而衆生
住於有見如來於此而起大悲一切法无住而衆生有住如來於此而起大悲一切法
无歸處而衆生樂於歸處如來於此而起大悲一切法非我所而衆生著於我所
如來於此而起大悲一切法无所囑而衆生計有所囑如來於此而起大悲一切法无
取相而衆生有取相如來於此而起大悲一切法无生而衆生住於有生如
來於此而起大悲一切法无退生而衆生住於退生如來於此而起

来於此而起大悲一切法无退生而衆生住於退生如来於此而起
大悲一切法无垢而衆生著垢如来於此而起大悲一切法離染而衆生有染如来
於此而起大悲一切法離瞋而衆生有瞋如来於此而起大悲一切法離癡而衆
生有癡如来於此而起大悲一切法无所從来而衆生著有所從来如来於此
而起大悲一切法无所去而衆生著於有去如来於此而起大悲一切法无所起而衆
生計有所起如来於此而起大悲一切法无戲論而衆生著於戲論如来於此而
起大悲一切法空而衆生墮於有見如来於此而起大悲一切法无相而衆生於有
相如来於此而起大悲一切法无作而衆生著於有作如来於此而起大悲如来觀
知世間常共瞋恨諍競如来於此而起大悲世間住於耶見顛倒行於耶道
欲令衆生住於正道如来於此而起大悲如来觀知世間貪餮无有猒足手相
陵奪欲令衆生住於聖財信戒聞施慧等如来於此而起大悲衆生是產業妻子
恩愛之僕於此危脆之物生堅固想欲令衆生知悉无常如来於此而起大悲如
来觀知衆生身為怨賊貪著養育以為親友欲為衆生作真知識令畢衆苦
究竟涅槃如来於此而起大悲衆生好行欺誑耶命自活欲令衆生行於正
命如来於此而起大悲衆生樂著衆苦不淨居家欲令衆生出於三界如来於
此而起大悲如来觀知一切諸法從因緣有而衆生於聖解脫生於懈怠我當為

衆生行此三十二種大悲是故如來名爲行大悲者若菩薩於衆生中常能脩
集此大悲心者則爲入阿惟越致爲大福田威德具足常能利益一切衆生説是
大悲法門品時三万二千人皆發阿耨多羅三藐三菩提心八千菩薩得无生法忍
尒時網明菩薩摩訶薩白佛言世尊思益梵天云何聞是大悲法門而不喜悅
思益梵天言善男子若識在二法則有喜悅若識在无二實際法中則无喜悅
辟如幻人見幻戲事无所喜悅若菩薩知諸法相如是則於如來若説法若神通亦
无喜悅又善男子如佛所化人聞佛説法亦无不喜不悅菩薩知諸法與化无異
於如來所不加喜悅於餘衆生无下劣想網明言梵天汝今見諸法如幻相耶梵
天言若人分別諸法者汝當問之網明言汝今於何處行梵天言一切凡夫行處吾
於彼行網明言凡夫人行貪欲瞋恚愚癡身見疑網我我所等行於耶道汝於
是處行耶梵天言善男子汝欲得凡夫法決定相耶網明言我尚不欲決定得
凡夫何況凡夫法善男子若是法无決定者寧有貪欲瞋恚愚癡法耶網明
言无也善男子一切法離貪恚癡相行相亦如是善男子凡夫行賢聖行皆无
二无差別善男子一切行非行一切説非説一切道非道網明言何謂一切行非
行梵天言善男子若人千万億劫行道於法性不增不減是故言一切行非
行何謂一切説非説梵天言善男子如來以不可説相説一切法是故言一切説非説

行何謂一切說非說梵天言善男子如來以不可說相說一切法是故言一切說非說
何謂一切道非道梵天言以无所至故一切道非道尒時世尊讚思益梵天言善哉
善哉說諸法相應當如是網明菩薩謂梵天言汝說一切凡夫行處吾於彼
行者則有行相梵天言若我有所生處應有行相網明言汝若不生去教化
衆生梵天言佛所化生吾如彼生網明言佛所化生无有生處梵天言寧可見
不網明言以佛力故見梵天言我生亦如是以業力故網明言汝於起業中行耶梵
天言我於不起業中行網明言云何言以業力故梵天言如業性力亦如是是二
不出於如尒時舍利弗白佛言世尊若有能入是菩薩隨宜所說法中者得大
功德所以者何世尊乃至聞是上人名字尚得大利何況聞其所說辟如有
樹不依於地在虛空中而現根莖枝葉華菓甚為希有此人行相亦復如是
不住一切法而於十方現有行有生死亦有如是智慧辯才世尊若有善男子
善女人聞是智慧自在力者其誰不發阿耨多羅三藐三菩提心尒時有一菩
薩名曰普華在會中坐謂長老舍利弗仁者已得法性佛亦稱汝汝於智慧
人中為最第一何以不能現如是智慧辯才自在力耶舍利弗言普華佛諸弟
子隨其智力能有所說普華言舍利弗法性有多少耶舍利弗言无也普華言
汝何以言佛諸弟子隨其智力能有所說舍利弗言隨所得法而有所說普華言

若法性非得相者汝出法性得解脫耶舍利弗言不也普華言何故尒耶舍利弗言若
出法性得解脫者則壞法性普華言是故舍利弗如仁者得道法性亦尒舍利弗
言我為聽來非為說也普華言一切法皆入法性此中寧有說有聽不舍利弗言不
也普華言若然者汝何故言我為聽來非為說耶舍利弗言佛說二人得福无量一
者專精說法二者一心聽受是故汝今應說我當聽受普華言汝入滅盡定能聽
法耶舍利弗言入滅盡定无有二行而聽法也普華言汝信佛說一切法是滅盡
相不舍利弗言然一切法皆滅盡相我信是說普華言若然者舍利弗常不能
聽法所以者何一切法常滅盡相故舍利弗言汝能不起于定而說法耶普華
言頗有一法非是定耶舍利弗言无也普華言是故當知一切凡夫常在於定舍
利弗言以何定故一切凡夫常在定耶普華言以不壞法性三昧故舍利弗言
若然者凡夫聖人无有差別普華言如是如是我不欲令凡夫聖人有差別也
所以者何聖人无所斷凡夫无所生是二法不出法性平等之相舍利弗言何
等是諸法平等相普華言如舍利弗所得知見舍利弗汝生賢聖法耶答言
不也汝滅凡夫法耶答言不也汝得賢聖法耶答言不也汝見凡夫法耶答言不也
舍利弗汝何知見說言得道耶答言汝不聞凡夫如即是漏盡解脫如漏盡解
脫如即是无餘涅槃如舍利弗是如名不異如不壞如應以是如知一切法尒時舍利

脫如即是无餘涅槃如舍利弗是名如不異如不壞如應以是如知一切法尒時舍利
弗白佛言世尊譬如大火一切諸炎皆是燒相如是諸善男子所說法皆入法性
佛告舍利弗如汝所言是諸善男子所說法皆入法性尒時網明菩薩謂舍利弗
佛說仁者於智慧人中為最第一以何智慧得第一耶舍利弗言所謂聲聞因聲
得解以是智慧說我於中為第一耳非謂菩薩網明言智慧是戲論相耶答言不
也網明言是智慧非平等相耶答言是也網明言今仁者得平等智慧云何說智
慧有量耶答言善男子以法性相故智慧无量隨入法性多少故智慧有量網明言无
量法終不作有量仁者何故說智慧有量即時舍利弗嘿然不答尒時長老大
迦葉承佛聖旨白佛言世尊是網明菩薩以何因緣號網明乎佛告網明善男
子現汝福報光明因緣令諸天人一切世間皆得歡喜其有福德因緣者當發菩
提心於是網明即受佛教偏袒右肩從右手赤白莊嚴抓指間放大光明普照
十方无量无邊阿僧祇佛國皆悉通達其中地獄畜生餓鬼盲聾瘖啞手足
拘躄老病苦痛貪欲瞋恚愚癡裸形醜陋貧窮飢渴囹圄繫閉困厄垂死慳
貪破戒瞋恚懈怠妄念无慧少於聞見无慚无愧墮邪疑網如是等衆生遇斯光
者皆得快樂无有衆生為貪欲瞋恚愚癡憍慢憂愁懷恨等之所惱也其在佛
在前大會之衆菩薩摩訶薩天龍夜叉乾闥婆等及比丘比丘尼優婆塞優婆夷

三昧時諸大衆得未曾有各各相見如佛无異不見佛身爲大己身爲小又以光
明力故尋時下方有四菩薩從地踊出合掌而立欲共礼佛作是念言何者真
佛我欲礼敬即聞空中聲曰是網明菩薩光明之力一切大衆同一金色與佛无
異時四菩薩發希有心作如是言今此會中其色无異一切諸法亦復如是若我此
言誠實无虚世尊釋迦牟尼當現異相令我今得供養礼事即時佛以蓮華寶
師子坐上昇虚空高一多羅樹於是四菩薩頭面礼佛足作如是言如来智慧不
可思議網明菩薩福德本願亦不可思議能放如是无量光明尒時佛告網明菩
薩言善男子汝今作佛事令无量衆生住於佛道可攝光明於是網明即受佛
教還攝光明攝光明已此諸大衆威儀色相還復如故見佛坐本師子坐上
尒時長老大迦葉白佛言世尊此四菩薩從何所来四菩薩言我等從下方世界
来大迦葉言其國何名佛号何等四菩薩言國名現諸寶莊嚴佛号一寶蓋今現在
説法大迦葉言其佛國土去此幾何四菩薩言佛自知之大迦葉言汝等何故来
此四菩薩言是網明菩薩光明照彼我等遇之即聞釋迦牟尼佛名及網明菩
薩是故我等今来見佛并網明上人迦葉白佛言世尊一寶蓋佛現諸寶莊
嚴世界去此幾何佛言去此七十二恒河沙佛土大迦葉言世尊是四菩薩從彼發
来幾時至此佛言如一念須於彼不現忽然而至大迦葉言世尊此四諸菩薩光

BD00078-2 思益梵天所問經（异本）卷二

[illegible]
來幾時至此佛言如一念頃於彼不現忽然而至大迦葉言世尊此四諸菩薩光
明遠照神通速疾甚為希有今是網明菩薩光明遠照是四菩薩發來速疾
佛言迦葉如汝所說菩薩摩訶薩所行不可思議一切聲聞辟支佛所不能及
尒時長老大迦葉謂網明菩薩言善男子汝現光明照此大會皆作金色以何
因緣網明言長老大迦葉可問世尊當為汝說即時大迦葉以此白佛佛言迦
葉是網明菩薩後成佛時其會大衆同一金色咸共信樂一切智慧其佛國土
乃至无聲聞辟支佛名唯有清淨諸菩薩摩訶薩會大迦葉白佛言世尊
生彼菩薩當知如佛等无有異佛言如汝所說生彼菩薩當知如佛於是會中
四万四千人皆發阿耨多羅三藐三菩提心已願生彼國白佛言世尊若網明菩
薩得成佛時我等當生其國尒時長老大迦葉白佛言世尊網明菩薩幾時當
得阿耨多羅三藐三菩提佛言迦葉汝自問網明幾時當得阿耨多羅三藐三
提網明言大迦葉若有問幻所化人汝幾時當得阿耨多羅三藐三菩提是幻人
當云何荅大迦葉言善男子幻所化人无決定相當何所荅網明言大迦葉一切諸
法亦如幻所化人无決定相誰可問言汝幾時當成阿耨多羅三藐三菩提大迦
葉言善男子幻所化人離於自相无異无別无所志願汝亦如是耶若如是者汝云
何能利益无量衆生網明言阿耨多羅三藐三菩提即是一切衆生性一切衆生

言是故我不令衆生住於菩提亦不令住聲聞辟支佛道大迦葉言善男子汝
今欲趣何所網明言我所趣如如趣大迦葉言如无所趣亦无有轉網明言如如无趣无
轉一切法住如相故我无趣无轉大迦葉言若无趣无轉汝云何教化衆生網明言大
迦葉若人發願則是不能教化衆生若人於法有轉是亦不能教化衆生大迦葉
言善男子汝不轉衆生生死耶網明言我尚不得生死何況於生死中而轉
衆生大迦葉言汝不令衆生得涅槃耶網明言我尚不見涅槃何況教化衆
生令住涅槃大迦葉言善男子若汝不得生死不得涅槃何故令无量衆生行
於菩提此豈不爲滅度衆生耶網明言若菩薩得生死分别涅槃曰衆生行菩
提此則不應説爲菩薩大迦葉言善男子汝今於何處行網明言我非生死中行
非涅槃中行亦不以衆生相行大迦葉如汝所問汝何處行者如佛所化人行處
吾於彼行大迦葉言佛所化人无有行處網明言當知一切衆生所行亦如是
相大迦葉言佛所化人无貪无恚无癡若一切衆生所行如是相者衆生貪恚癡
從何所起網明言我今問汝隨意荅我大迦葉汝今寧有貪恚癡不荅言无也
網明言是貪恚癡盡滅耶荅言不也網明言若大迦葉今无貪恚癡亦不盡
滅者汝置貪恚癡於何所耶荅言善男子凡夫人從顛倒起忘想分别生貪恚癡
耳於賢聖法中善知顛倒實性故无妄想分别是以无貪恚癡大迦葉於汝意

耳於賢聖法中善知顛倒實性故无妄想分別是以无貪恚癡大迦葉於汝意
云何若法從顛倒起是法為實為虗妄耶答言是法虗妄非是實耶網明言
若法非實可令實耶答言不耶網明言若法非實仁者欲於是中得貪恚癡
耶答言不也網明言若然者何所是貪恚癡能惱衆生者答言善男子若尒者
一切法從本已來離貪恚癡相網明言以是故我說一切法相如佛所化人說是法時
四万四千菩薩得柔順法忍尒時長老大迦葉白佛言世尊若網明菩薩所見衆
生不應復畏墮三惡道若聞網明所說法者魔不得便若為網明所教化者不
畏墮聲聞辟支佛道世尊願佛令者說網明功德莊嚴國土佛言迦葉是
網明菩薩在在國土遊行之處利益无量衆生迦葉汝見網明所放光明不
答言已見佛言若三千大千世界滿中芥子尚可筭數令網明光明令諸衆生
住菩提者不可數也迦葉是網明菩薩所放光明饒益尚尒何況說法汝
今諦聽我當粗略說其功德迦葉是網明菩薩過七百六十万阿僧祇劫當
得作佛号普光自在王如來應正遍知世界名日集妙功德其佛趣菩提樹
時國中諸魔民悉皆正定於阿耨多羅三藐三菩提其佛國土以真璃
檀寶為地地平如掌柔濡細滑如迦陵伽衣處處皆以衆寶莊嚴无三惡
道亦无八難其國廣長皆以妙寶蓮華色香具好以為校飾普光自在王如

慧諸妙功德以脩其心彼佛國土无有女人其諸菩薩皆於寶蓮華中結
跏趺坐自然化生以禪樂為食諸所須物經行之處房舍林樹園林浴池應念
即至迦葉是普光自在王如來不以文字說法但放光明照諸菩薩光觸其
身即得无生法忍復照十方通達无㝵令諸衆生得離煩惱又其光明常出卅
二種清淨法音何等三十二所謂諸法空无諸見故諸法无相離分別故
諸法无作出三界故諸法離欲性寂滅故諸法離瞋无有礙故諸法離癡无
闇冥故諸法无所從來本无生故諸法无所去无所至故諸法不住无所依
故諸法過三世去來現在无所有故諸法无異其性一故諸法不生離於報故諸
法无業業報作者不可得故諸法不作无所起故諸法无起无為性故諸法无
為離生滅故諸法真不從和合生故諸法實一道門故諸法无衆生衆生不可
得故諸法无我第一義故諸法鈍无所知故諸法捨離憎愛故諸法離煩惱
无有熱故諸法无垢性不汙故諸法一相離欲濟故諸法離相常定故諸法
住實際性不壞故諸法如相不分別故諸法入法性遍入故諸法无緣諸緣不
合故諸法是菩提如實見故諸法是涅槃无因緣故迦葉普光自在王如
來光明常出如是清淨法音亦能令諸菩薩施作佛事其佛國土无有
魔事佛壽无量阿僧祇劫大迦葉白佛言世尊若人欲得清淨佛土者應
以如因明菩薩所有一切功德具足清淨國土如是迦葉是因明菩薩亦者无量

BD00078-2　思益梵天所問經（异本）卷二

魔事佛壽无量阿僧祇劫大迦葉白佛言世尊若人欲得清淨佛土者應
取如網明菩薩所脩一切功德具足清淨國土如是迦葉是網明菩薩於諸无量
阿僧祇佛所隨願脩行功德具足故尒時思益梵天謂網明菩薩仁者已得
從佛受記乎網明言一切衆生皆從佛得受記梵天言於何事中而得受記
網明言隨業受報而得受記梵天言汝作何業而得受記網明言若業非身
作非口作非意作是業可得亦不梵天言不可亦也網明言菩提是起作相耶
梵天言不也何以故菩提是无爲非起作相網明言可以起作相得无爲菩提不梵
天言不也梵天是故當知若无業无業報无諸行无起諸行是名菩提如菩提性得
亦如是如得性受記亦如是不可以起作法而得受記梵天言善男子汝不行
六波羅蜜然後得受記耶網明言如汝所説菩薩行六波羅蜜而得受記耶
網明言如汝所説菩薩行六波羅蜜而得受記梵天若菩薩捨一切煩惱爲
名檀波羅蜜於諸法无所起名爲尸波羅蜜於諸法无所傷名爲羼提波
羅蜜於諸法離相名爲毗梨耶波羅蜜於諸法无所住名爲禪波羅
蜜於諸法无戲論名爲般若波羅蜜梵天若菩薩如是行六波羅蜜
於何處行梵天言无處行也所以者何凡有所行皆是不行若行耶是
不行若不行即是行梵天以是故當知一无所行即是菩提如汝所問汝得受

世尊菩薩以何行諸佛授阿耨多羅三藐三菩提記佛言若菩薩不行生
法不行滅法不行善不行不善不行世間不行出世間不行有罪法不行无罪
法不行有漏法不行无漏法不行有為法不行无為法不行脩道不行除斷不行
生死不行涅槃不行見法不行聞法不行覺法不行知法不行施不行捨不行
戒不行護不行忍不行善不行發不行精進不行禪定不行三昧不行慧不行行
不行智不行得梵天若菩薩如是行者諸佛則授阿耨多羅三藐三菩提
記所以者何諸所有行皆有所是无所是菩提諸所有行皆是分別无所分
別是菩提諸所有行皆是起作无起作是菩提諸所有行皆是戲論无戲
論是菩提是故當知若菩薩過諸所行則得受記唯然世尊受記者有何義
佛言離諸法二相是受記義不分別生滅是受記義離身口意業相是受
記義梵天我念過去有劫劫名喜見我於此劫供養七十二那由他佛是諸如
来不見受記又過是劫劫名善化我於此劫供養二十二億佛是諸如来亦
不見授記又過是劫劫名梵嘆我於此劫供養万八千佛是諸如来亦不見授
記又過是劫劫名无咎我於此劫供養三万二千佛是諸如来亦不見授記
又過是劫劫名莊嚴我於此劫供養四百四十万佛我皆以一切供養之具而供
養之是諸如来亦不見授記梵天我於往昔供養諸佛恭敬尊重讚嘆

養之是諸如來亦不見授記梵天我於往昔供養諸佛恭敬尊重讚嘆
淨脩梵行一切布施一切持戒及行頭陁離於瞋恚忍辱慈心如所說行懃脩精
進一切所聞皆能受持獨處遠離入諸禪定隨所聞慧讀誦思惟是諸如來
亦不見授記何以故我依止所行故以是當知若諸菩薩出過一切諸行則得
受記我若以一劫若減一劫說是諸佛名号不可得盡梵天我於是後見燃燈
佛即得无生法忍佛時授記我言汝於來世當得作佛号釋迦牟尼如來
應供正遍知我於尒時出過一切諸行具足六波羅蜜所以者何若菩薩能捨
諸相名為檀波羅蜜能滅諸所受持名為尸羅波羅蜜不為六塵所傷名為
羼提波羅蜜離諸所行名為毗梨耶波羅蜜不憶念一切法名為禪波羅蜜能
忍諸法无生性名為般若波羅蜜我於然燈佛所具足如是六波羅蜜梵天
我從初發菩提心已來所作布施於此五華布施百分不及一百千分百千万
億分乃至筭數譬喻所不能及我從初發心已來受戒持戒及行頭陁於此
常滅戒百分不及一乃至筭數譬喻所不能及我從初發心已來柔和忍辱
於畢竟忍法百分不及一乃至筭數譬喻所不能及我從初發心已來發勤
精進於此不取不捨精進百分不及一乃至筭數譬喻所不能及我從初發心已
來禪定獨處於此无住禪定百分不及一乃至筭數譬喻所不能及我從初發

何名爲具足六波羅蜜世尊令云何名梵天若不念施不依止戒不分别忍
不取精進不住禪定不二於慧是名具足六波羅蜜又問具足六波羅蜜已能滿
足何法佛言具足六波羅蜜已能滿足薩婆若世尊云何具足六波羅蜜已能
滿足薩婆若梵天布施平等即是薩婆若平等持戒平等即是薩婆若
平等忍辱平等即是薩婆若平等精進平等即是薩婆若平等禪定平
等即是薩婆若平等智慧平等即是薩婆若平等以是平等等一切法
名爲薩婆若又具足布施相持戒相忍辱相精進相禪定相智慧相
是名薩婆若梵天如是具足六波羅蜜能滿足薩婆若世尊云何當知滿足
薩婆若梵天若不受眼不受色不受耳不受聲不受鼻不受香不受舌不
受味不受身不受觸不受意不受法若不受是内外二入名爲滿足薩婆若我
得如是滿足薩婆若於眼无所著於色耳聲鼻香舌味身觸意法无所著
是故如來名爲无㝵知見薩婆若梵天薩婆若於法无所受何以故以无用故
无用即是无所有義无所有義即是空如虚空義同虚空相即是薩婆若
是故於法无所受梵天譬如一切所作皆因虚空而虚空无所依如是諸智
慧皆從薩婆若出而薩婆若无所依梵天白佛言世尊所說薩婆若薩婆
若者爲何謂也梵天一切所行是智爲真智非諸聲聞辟支佛所及故名薩婆

若者為何謂也梵天一切所行是智為真智非諸聲聞辟支佛所及故名薩婆
若諸有所行皆能成就故名薩婆若能破一切耶念戲論故名薩婆若諸所教
勑諸所防制如此衆生所得之法皆從中出故名薩婆若得諸聖智若學
智若无學智若辟支佛智皆從中出故名薩婆若正行故名薩婆若能分
別一切藥故名薩婆若能滅一切衆生病故名薩婆若能除一切煩惱習氣故名
薩婆若常在定故名薩婆若一切法中无疑故名薩婆若一切世間出世間智慧
皆從中出故名薩婆若善知一切智慧方便相故名薩婆若尒時思益梵天白
佛言世尊未曾有也世尊諸佛如來智慧甚深心无所緣而知一切衆生心心
所行世尊薩婆若得如是无量功德其誰善男子善女人不發阿耨多羅三
藐三菩提心於是網明菩薩白佛言世尊若有菩薩悕望功德利而發菩
提心者不名為發大乘也所以者何一切法无功德利以无對處故世尊菩薩
摩訶薩不應為功德利故發菩提心但為大悲心故滅衆生諸苦惱故
不自憂苦故生諸善法故解脫諸邪見故滅除諸病故捨我所貪着故不
觀增愛故不沒世法故厭患有為故安住涅槃故發菩提心世尊菩薩不
應於衆生求其恩報亦不應觀作與不作又於苦樂心不傾動世尊何謂
菩薩家清淨佛言善男子菩薩若生轉輪聖王家不名家清淨若生

菩薩家深心念故喜是菩薩家生法喜故捨是菩薩家離貪著故不
捨菩提是菩薩家不貪聲聞辟支佛地故

思益梵天所問經卷第二

思益梵天所問經卷第三

尒時思益梵天白佛言世尊是文殊師利法王子在此大會
而无所說佛即告文殊師利汝於此所說法中可少說之文
殊師利白佛言世尊佛所得法寧可識不佛言不可識也世
尊是法可說可演可論不佛言是法不可說不可演不可論也
世尊若是法不可說不可演不可論者是法云何可示
尒時思益梵天謂文殊師利汝不為衆生演說法乎文殊師利
言梵天是法性中有二相耶梵天言无也文殊師利言一切法
不入法性耶梵天言然文殊師利言若法性是不二相一切法入
法性中云何當為衆生說法梵天言文殊師利頗有說法亦无尒
耶文殊師利言若決定得說者聽者可有說法亦无有二文殊
師利如來不說法耶文殊師利言佛雖說法不以二相何以故如

BD00078-2　思益梵天所問經（异本）卷二　　BD00078-3　思益梵天所問經（异本）卷三

師利如来不說法耶文殊師利言佛雖說法不以二相何以故如
来性无二故雖有所說而无二也梵天言若一切法无二其誰為二
文殊師利言凡夫貪著我故分別二耳不二法者著然不為二
雖種種分別為二然其實際无有二相梵天言云何識无二法
文殊師利言若无二可識則非无二所以者何无二相者不可識
也梵天二即是識業不可識法佛所說也是法不尒如所說何以
故是法无名字故文殊師利佛所說法終何所至文殊師利言如
来說法至无所至梵天言佛所說法不至涅槃耶文殊師利言
涅槃可得至耶梵天言涅槃无来處无至處文殊師利言如
是佛所說法至无所至梵天言是法誰聽答言如所說法梵天
言云何如所說答言如不識不聞梵天言誰能聽如来如是法
答言不漏六塵者梵天言誰能知是法答言无識无分別无
諍訟者梵天言云何比丘名多諍訟答言是好是悪此名諍訟
是理是非理此名諍訟是垢是淨此名諍訟是善是不善此
名諍訟是戒是毀戒此名諍訟是應作是不應作此名諍訟以
是法得道以是法得果此名諍訟梵天若於法中有高下心貪

云何比丘隨佛語隨佛教荅言若比丘稱讚毀辱其心不動是名
隨佛教若比丘不隨文字語言是名隨佛語又比丘滅一切諸相
是名隨佛教不違於義是名隨佛語若比丘守護於法是名
隨佛教不违佛語是名隨佛語梵天言云何比丘能守護法荅
言若比丘不违平等不壞法性是名(能)守護法梵天言云何比丘
親近於佛荅言若比丘於諸法中不見有法若近若遠是名
親近於佛梵天言云何比丘給侍於佛荅言若比丘身口意
无所作是名給侍於佛梵天言誰能供養佛荅言不起福業
不起无動業者梵天言誰能見佛荅言若不著肉眼不著天
眼不著慧眼是能見佛梵天言誰能見法荅言不违諸因緣
法者梵天言誰能順見諸因緣法荅言不起平等不見平等
所生相者梵天言誰得真智荅言不生不滅諸漏者梵天言
誰能隨學如來荅言不起不受不取不捨諸法者梵天言誰名
正行荅言不隨三界者梵天言誰爲善人荅言不受後身者梵
天言誰爲樂人荅言无我无我所者梵天言誰爲得脫荅言不壞
縛者梵天言誰爲得度荅言不住生死不住涅槃者梵天言漏

縛者梵天言誰為得度答言不住生死不住涅槃者梵天言漏
盡比丘盡何事耶答言若有所盡不名漏盡知諸漏空相隨如是
知名為漏盡梵天言誰為實語答言離諸言論道者梵天言
誰為入道答言凡夫人有入道聖行者知一切有為法无所從来
无所從去則无入道梵天言誰能見聖諦答言无有見聖諦者
所以者何隨所有見皆為虛妄无所見者乃名見諦梵天言不見
何法名為見諦答言不見一切諸見名為見諦梵天言是諦當於
何求答言當於四顛倒中求梵天言何故作如是說答言求四顛倒
不得淨不得常不得樂不得我若不得淨是即不淨若不得常是
即无常若不得樂是即為苦若不得我是即无我梵天言一切法空无
我是為聖諦若能如是求諦是人不見苦不斷集不證滅不脩道
梵天言云何名脩道答言若不分別是法是非法離於二相名為
脩道以是道求一切法不得是名為道是道不令人離生死至涅槃
所以者何不離不至乃名聖道
尒時有摩訶羅梵天子名曰
等行問文殊師利何謂優婆塞歸依佛歸依法歸依僧答言優婆
塞不起二見不起我見不起彼見不起我見不起佛見不起我

於法无所分別亦不行非法是名歸依法若優婆塞不離有爲法
見无爲法不離无爲法見有爲法是名歸依僧又優婆塞不得
得佛不得法不得僧是名歸依佛歸依法歸依僧尒時等行菩薩
問文殊師利言是諸菩薩發菩提心者爲趣何所荅言趣於虛
空所以者何阿耨多羅三藐三菩提同虛空故等行言云何菩
薩名發阿耨多羅三藐三菩提心荅言若菩薩知一切發非發
一切法非法一切衆生非衆生是名菩薩發阿耨多羅三藐三菩
提心尒時等行菩薩白佛言世尊所言菩薩菩薩者爲何謂耶
佛言善男子若菩薩於耶定衆生發大悲心於正定衆生不見
殊異故言菩薩所以者何菩薩不爲正定衆生不爲不定衆
生故發心但爲度耶定衆生故而起大悲發阿耨多羅三藐三
菩提心故言菩薩　尒時菩提菩薩白佛言世尊我亦樂說
所以爲菩薩者佛言便說菩提菩薩言譬如男子女人受一日
戒无毀无缺若菩薩如是從初發心乃至成佛於其中間常脩
梵行是名菩薩堅意菩薩言若菩薩成就深固慈心是名菩
薩度衆生菩薩言譬如橋船度人不惓无有分別若心如是

薩度衆生菩薩言譬如橋舩度人不惓无有分别若心如是
是名菩薩斷悪道菩薩言若菩薩於諸佛國殺是之處即時
一切悪道皆滅是名菩薩觀世音菩薩言若菩薩衆生見者
即時畢定於阿耨多羅三藐三菩提又稱其名者得免衆苦是
名菩薩得大勢菩薩言若菩薩所投足處震動三千大千世界
及魔宮殿是名菩薩无疲惓菩薩言若恒河沙等劫爲一日一
夜以是三十日爲一月十二月爲歲以是歲數若過百千万億劫得
值一佛如是於恒河等佛所行諸梵行脩集功德然後得受阿
耨多羅三藐三菩提記心不休息无有疲惓是名菩薩導
師菩薩言若菩薩於墮邪道衆生生大悲心令入正道不求恩報
是名菩薩須弥山菩薩言若菩薩於一切法无所分别如須弥
山一於衆色是名菩薩那羅延菩薩言若菩薩不爲一切煩惱
所壞是名菩薩心力菩薩言若菩薩以心思惟一切諸法无有錯
謬是名菩薩師子遊步自在王菩薩言若菩薩於諸論中不怖
不畏得深法忍能使一切外道怖畏是名菩薩不可思議菩薩
言若菩薩知心相不可思議无所思惟分别是名菩薩善肩天

中亦无妄語是名菩薩喜見菩薩言若菩薩能見一切色皆
是佛色是名菩薩常慘菩薩言若菩薩見墮生死衆生其心不
樂世間諸樂自度己身亦度衆生是名菩薩心无㝵菩薩言若
若菩薩於一切煩惱衆魔而不瞋㝵是名菩薩常善根菩薩言
若菩薩常以善根自滿其願亦滿他願所作皆辯是名菩薩散
疑女菩薩言若菩薩於一切法中不生疑悔是名菩薩師子童女
菩薩言若菩薩无男法无女法而現種種色身為成就衆生故
是名菩薩寶女菩薩言若菩薩於諸寶中不生愛樂但樂三寶
是名菩薩毗舍佉達多優婆夷言若菩薩有所得者則无菩提
若不得一切法不生一切法不滅一切法是名菩薩跋陁婆羅賢士
言若菩薩衆生聞其名者畢定於阿耨多羅三藐三菩提是
名菩薩寶月童子言若菩薩常脩童子梵行乃至不以心念
五欲何況身受是名菩薩忉利天子曼陁羅華香菩薩言若菩
薩持戒熏心常流諸善法香不流餘香是名菩薩作喜菩薩
言若菩薩喜樂三法謂供養佛演說於法教化衆生是名菩薩
思益梵天言若菩薩所見之法皆是佛法是名菩薩弥勒菩薩

思益梵天言若菩薩所見之法皆是佛法是名菩薩弥勒菩薩
言若菩薩衆生見者即得慈心三昧是名菩薩文殊師利法王
子言若菩薩雖説諸法而不起法相不起非法相是名菩薩網
明菩薩言若菩薩光明能滅一切衆生煩惱是名菩薩普華菩
薩言若菩薩見諸如来滿十方世界如林華敷是名菩薩如是
諸菩薩各各隨所樂説已尒時佛告等行菩薩若菩薩能代一
切衆生受諸苦惱亦復能捨一切福事與諸衆生是名菩薩
尒時思益梵天問等行菩薩言善男子汝今以何爲行答言我
以隨一切有爲法衆生行爲行又問隨一切有爲法衆生以何爲
行答言諸佛所行是隨一切有爲法衆生行也又問諸佛以何爲
行答言諸佛以第一義空爲行又問凡夫所行諸佛亦以是行凡
聖有何差別等行言汝欲令空中有差別耶答言不也等行言
如来不説一切法空耶答言然是故梵天一切法无有差別是諸行
相亦復如是所以者何如来不説諸法有差別也　尒時思益梵天
問文殊師利言所言行者爲何謂耶答言於諸行中有四梵行是
名行處行若人離四梵行不名行處行能行四梵行是名行處

行處行亦復不能善知行相又問菩薩以何行知見清淨荅言於
諸行中能淨我見又問若得我實性即得實知見耶荅言然若
見我實性即是實知見譬如國王典金藏人自已出用知餘在者如
是自知我實性故得實知見又問云何得我實性荅言若得无
我法所以者何我畢竟无根本无決定故若能如是知者是名
得我實性又問如我解文殊師利所說義以見我故即是見佛
所以者何我性即是佛性文殊師利誰能見佛荅言不壞我見者
所以者何我見即是法見以法見能見佛又問頗有无所行名爲
正行荅言有若不行一切有爲法是名正行又問云何行名爲正行
荅言若不爲見故行不爲斷不爲證不爲脩故行是名正行又問
慧眼爲見何法荅言若有所見不名慧眼慧眼不見有爲法不見
无爲法所以者何有爲法皆虛妄分別无虛妄分別是名慧眼无爲
法空无所有過諸眼道是故慧眼亦不見无爲法又問頗有因緣正
行比丘不得道果荅言有正行中无道无果无行无得无有得果
差別梵天无所得故乃名爲得若有所得當知是爲增上 慢人正
行者无增上慢无增上慢則无行无得又問文殊師利得何法故

行者无增上慢无增上慢則无行无得又問文殊師利得何法故
名爲得道荅言若法不自生不彼生亦不衆緣生從本以來常
无有生得是法故說名得道又問若法不生爲何所得荅言
若知法不生即名爲得是故佛說若見諸有爲法不生相即入正
位又問云何名正位荅言我及涅槃等不起二是名正位又行平等
故名正位以平等出諸苦惱故名正位入了義中故名正位除一切
憶念故名正位尒時世尊讚文殊師利言善哉善哉快說此言
誠如所說說是法時七千比丘不受諸法漏盡心得解脫三万二
千諸天遠塵離垢得法眼淨十千人離欲得定二百人發阿耨多
羅三藐三菩提心五百菩薩得无生法忍尒時思益梵天白佛
言世尊是文殊師利法王子能作佛事大饒益衆生文殊師利
言佛出於世不爲益法故出不爲損法故出梵天言佛豈不滅度
无量衆生仁者亦不利益无量衆生耶文殊師利言汝欲於无衆
生中得衆生耶荅言不也梵天汝欲得衆生決定相耶荅言不也
梵天汝欲得諸佛有出生相生於世間耶荅言不也梵天何等
是衆生爲佛所滅度者梵天言如仁所說義无生死无涅槃文殊

言說耳實无生死往来滅盡涅槃又問誰能信是法耶荅言
於諸法中无貪著者又問若貪著者於何貪著荅言貪著虛妄
梵天若貪著是實者然无增上場以貪著虛妄故行者知之而
不貪著若不貪著則无有流若无有流則无往来死若无往
往来生死是則滅度又問何故說言滅度荅言滅度者名為衆
緣不和合若无明不和合諸行因緣則不起諸行若不起諸行是
名為滅不起相是畢竟滅得是道故則无生處如是名為四聖諦
尒時等行菩薩謂文殊師利如汝所說皆為真實荅言一切言
說皆為真實又問虛妄言說亦真實耶荅言如是所以者何是
諸言說皆為虛妄无處无方若法虛妄无處无方是故一切言
說皆是真實善男子提婆達多語如来語无異无別所以者何
一切言說皆是如来言說不出如故一切言說有所說事皆以无
所說故得有所說是以一切言說皆等文字同故文字无念故文
字空故等行言如来不說凡夫語言賢聖語言耶文殊師利
言然以文字說凡夫語言亦以文字說賢聖語言如是善男子諸
文字有分別是凡夫語言是賢聖語言耶等行言不也文殊師

文字有分別是凡夫語言是賢聖語言耶等行言不也文殊師
利言如諸文字无分別一切賢聖亦无分別是故賢聖无有言說
所以者何賢聖不以文字相不以衆生相不以法相有所說也譬如鍾
鼓衆緣和合而有音聲是諸鍾鼓亦无分別如是諸賢聖善知衆
因緣故於諸言說无貪无爭等行言如佛所說汝等集會當行二
事若說法若聖嘿然何謂說法何謂聖嘿然答言若說法不違佛
不違法不違僧是名說法若知法即是佛離相即是法无爲即是
僧是名聖嘿然又善男子曰四念處有所說名爲說法於一切法无
所憶念名聖嘿然曰四正懃有所說名爲說法以諸法等不作等
不作不等名聖嘿然曰四如意是有所說名爲說法若不起身心名
聖嘿然曰五根五力有所說名爲說法若不隨他語有所信爲不取
不捨故分別諸法一心安住无念念中解一切法常定性斷一切戲論慧
名聖嘿然曰七菩提分有所說名爲說法若常行捨心无所分別无
增无減名聖嘿然曰八聖道分有所說名爲說法若知諸法相如栰喻
不依法不依非法名聖嘿然善男子於是三十七助道法若能開解演
說名爲說法若身證是法亦不離身見法亦不離法見身於是觀

若至不可說想能離一切言說音聲得不動處入離相心名聖嘿
然又善男子若知一切衆生諸根利鈍而教誨之名為說法常入
於定心不散亂名聖嘿然等行言如我解文殊師利所說義一切聲聞
辟支佛无有說法亦无聖嘿然所以者何不能了知一切衆生諸根
利鈍亦復不能常在於定文殊師利若有真實問言何等是世間
說法者何等是世間聖嘿然者則當為說諸佛是也所以者何
諸佛善能分別一切衆生諸根利鈍亦常在定佛告文殊師利
如是如是如等行所說唯諸佛如來有此二法尒時須菩提白佛言
世尊我親從佛聞汝等集會當行二事若說法若聖嘿然世尊
若聲聞不能行者云何如来勅諸比丘行此二事佛告須菩提於
汝意云何若聲聞不從他聞能說法能聖嘿然不須菩提言不
也世尊須菩提是故當知一切聲聞辟支佛无有說法无聖嘿然
尒時文殊師利謂須菩提長老須菩提如來了知衆生八万四千行
汝於此中有智慧能隨其所應為說法不荅言不也今須菩提
能入觀一切衆生心三昧住是三昧通達一切衆生心心所行自心他心
无所㝵不荅言不也文殊師利言須菩提如来於衆生八万四千

无所得不荅言不也文殊師利言須菩提如來於衆生八万四千
行隨其所應爲說法藥又常住定平等相中心不動搖而通達
一切衆生心心所行須菩提是故當知一切聲聞辟支佛不能及此
事須菩提或有衆生多婬欲者以觀淨得解脫不以不淨唯佛
能知或有衆生多瞋恚者以觀過得解脫不以慈心唯佛能知
或有衆生多愚癡者以不共語得解脫不以說法唯佛能知或有
衆生等分行者不以觀淨不以不淨不以觀過不以慈心不以
不共語不以說法得解脫者隨其根性以諸法平等而爲說法
使得解脫唯佛能知是故如來於諸說法人中爲最第一禪定人
中亦最第一尒時須菩提問文殊利若聲聞辟支佛不能如是
說法不能如是聖嘿然者諸菩薩有成就如是功德能說法能
聖嘿然不荅言唯佛當知於是佛告須菩提有三昧名入一切語
言心不散亂若菩薩成就此三昧皆得如是功德尒時文殊師利
謂等行菩薩善男子爲衆生八万四千行故說八万四千法藏名
爲法說法常在一切滅受想行定中名聖嘿然善男子我若一劫若
減一劫能說是義是謂說法相是聖嘿然相猶不能盡於是

安隱天人熾盛其地皆以衆寶莊嚴柔軟細滑生寶蓮華一切香
樹充滿其中常出妙香善男子喜見國土有四百億四天下一一天
下從廣八万四千由旬其中諸城縱廣一由旬皆以衆寶挍餝一
一城者有二万五千聚落村邑而圍繞之一一聚落村邑无量
百千人衆充滿其中所見色像心皆喜悅无可憎惡亦皆悉
得念佛三昧是以國土名曰喜見若他方世界諸來菩薩皆得
快樂餘國不尒善男子其普光佛以三乘法爲弟子說亦多
樂說如是法言汝等比丘當行二事若說法若聖嘿然善男子
尒時上方醫王佛土有二菩薩一名无盡意二名益意來詣
普光佛所頭面札佛足右繞三迊恭敬合掌却住一面時普
光佛爲二菩薩廣說淨明三昧所以名曰淨明三昧者若菩薩入
是三昧即得解脫一切諸相及煩惱著亦於一切佛法得淨光明
是故名爲淨明三昧又前際一切法淨後際一切法淨現在一切法
淨是三世畢竟淨无能令不淨性常淨故是以說一切諸法性常淨
淨何謂諸法性淨謂一切法性空相離有所得故一切法无相相
離憶想分別故一切法无作相不取不捨无求无願畢竟離自

離憶想分別故一切法无作相不取不捨无求无願畢竟離自
性故是名性常清淨以是常清淨相知生死性即是涅槃性涅槃性
即是一切法性是故心性常明淨善男子辟如虛空若受垢汙无
有是處心性亦如是若有垢汙无有是處又如虛空雖爲烟塵
雲霧覆翳不明不淨而實不能染汙虛空之性設染汙者不
可復淨以虛空實不染汙故還見淨清凡夫心性亦如是雖邪
憶念起諸煩惱染其心性不可垢汙設垢汙者不可復淨以心性
實不垢汙性常明淨是故心得解脫善男子是名入淨明三昧
門彼二菩薩聞是三昧於諸法中得不可思議法光明尒時无盡
意菩薩白普光如來言世尊我等已聞入淨明三昧門當以何
行行此法門佛告无盡意善男子汝等當行二行若說法若聖
嘿然時二菩薩從佛受教頭面礼佛足右繞三迊而出趣一園林
自以神力化作寶樓於中脩行時有梵天名曰妙光與七万二千梵
俱來至其所頭面礼足問二菩薩善男子普光如來說言汝等
比丘集會當行二事若說法若聖嘿然善男子何謂說法何謂
聖嘿然二菩薩言汝今善聽我當少說唯有如來乃通達耳於

㝵辯才答其所問不懈不息分別二句互相問答而不窮盡於是
普光如來在虛空中作如是言善男子勿於文字言說而起諍訟
凡諸言說皆如空響如所問答亦如是汝等二人皆得无㝵辯才及
无盡陀羅尼若於一劫若百劫說此二句辯不可盡善男子佛
法是寂滅相第一之義此中无有文字不可得說諸所言說皆
无義利是故汝等當隨此義勿隨文字是二菩薩聞佛教已嘿然
而止佛告等行以是當知菩薩若以辯才說法於百千万劫若過
百千万劫不可窮盡又告等行於汝意云何彼二菩薩豈異人乎
勿造斯觀无盡意者今文殊師利是益意菩薩者今汝身是妙
光梵天者今思益梵天是尒時等行菩薩白佛言未曾有也世
尊諸佛菩提為大饒益如所說行精進眾生世尊其懈怠不能
如說行者雖值百千万佛无能為也當知從懃精進得出菩提
尒時文殊師利謂等行菩薩善男子汝知菩薩云何行名懃精進
答言若菩薩能得聖道名懃精進又問云何行能得聖道答言
若於諸法无所分別如是行者能得聖道又問云何名得聖道已答言
若行者於平等中見諸法等是名得道已又問平等可得見耶答
[...]也所以[...]何若平等可見則非平等是思益梵天謂文殊師利若

若行者於平等中見諸法等是名得道已又問平等可得見耶答
言不也所以者何若平等可見則非平等思益梵天謂文殊師利若
行者於平等中不見諸法是名得聖道已文殊師利言何故不見思
益言離二相故不見即是正見又問誰能正見世間答言不壞世
間相者又問云何為不壞世間相答言色如无别无異受想行識
如无别无異若行者見五陰平等如相是名正見世間又問何等是
是世間相答言滅盡是世間相又問滅盡相可復盡相耶答言
滅盡相者不可盡也又問何故說言世間是盡相答言世間畢竟
盡相是相不可盡所以者何已盡者不可復盡也又問佛不說一切
有為法是盡相耶答言世間是盡相終不可盡是故佛說一切
有為法是盡相又問何故數名有為法答言以盡相故名有為
法又問有為法者為住何所答言无為性中住又問有為法无
為法有何差别答言有為法无為法文字言說有差别耳所以者
何以文字言說是有為言是无為若求有為无為實相則无
差别以實相无差别故又問何等是諸法實相義答言一切法平
等无有差别是諸法實相義又問何等為義答言以文字說令人

是故佛說名不可說諸佛不可以言相說故又問云何得說佛相荅
言諸佛如來不可以色身說相不可以三十二相說相不可以諸功
德法說相又問諸佛可離色身三十二相諸功德法而說相耶荅言
不也所以者何色身如三十二相如諸功德法如諸佛不即是如亦不
離是如如是可說佛相不失如故又問諸佛世尊得何等故号名為
佛荅言諸佛世尊通達諸法性相如故說名為佛正遍知者於是
等行菩薩白佛言世尊何謂菩薩行於大乘尒時世尊以偈荅曰
菩薩不壞色　發行菩提心　知色即菩提　是名行菩提　如色菩提然
等入於如相　不壞諸法性　是名行菩提　不壞諸法性　則為菩提義
是菩提義中　亦无有菩提　正行苐一義　是名行菩提　愚於陰界入
而欲求菩提　陰界入即是　離是无菩提　若有諸菩薩　於上中下法
不取亦不捨　是名行菩提　若法及非法　不分別為二　亦不得不二
是名行菩提　若二則有為　非二則无為　離是二邊者　是名行菩提
是人過凡夫　亦不入法位　未得果而聖　是世間福田　行於世間法
處中若蓮華　導脩最上道　是名行菩提　世間所行處　悉於是中行
世間所貪著　於中得解脫　菩薩无所畏　不沒生死淵　无憂无疲惓

世間所貪著　於中得解脫　菩薩无所畏　不没生死渊　无憂无疲惓
而行菩提道　斯人能善知　法性真實相　是故不分別　是法是非法
行於佛道時　无法可捨離　亦无法可受　是名行菩提　一切法无相
猶若如虛空　終不作是念　是相是何相　善知世所行　遍知方便力
能充滿一切　衆生之所願　常住於平等　護持佛正法　一切无所念
是則如來法　若有佛无佛　是法常住世　能通達此相　是名護持法
諸法之實相　了達知其義　安住於此中　而為人演說　行於甚深法
魔所不能測　是於人諸法　无所貪著故　願求諸佛慧　亦不著願求
是慧於十方　求之不可得　諸佛慧无等　不著法非法　若能不著此
究竟得佛道　其諸樂善人　布施轉高尊　捨一切所有　而心不傾動
諸法不可捨　亦復不可取　一切世間法　根本不可得　能知一切法
非施非捨相　是名大施主　於法无所見　是等諸菩薩　不計我我所
是故行施時　不生貪惜心　諸所有布施　皆迴向佛道　布施及菩提
不住是二相　无作无起滅　常住於此中　亦不作念言　我住是持戒
智者知戒相　不生亦不住　是故戒清淨　猶若如虛空　觀身如鏡像
言說如響聲　心則如幻化　不以戒自高　其心常柔軟　安住寂滅性

諸法念念滅　其性常不住　於中无罵辱　亦无有恭敬　若節節解身
其心終不動　知心不在內　亦復不在外　身惡及刀杖　皆從四大起
於他水火風　未曾有傷損　通達於此事　常行忍辱法　菩薩行如是
衆生不能動　勇猛勤精進　堅住於大乘　是人於身心　而无所依止
雖知生死本　其際不可得　為諸衆生故　莊嚴大誓願　法无決定生
何許有滅相　本際不可得　為顛倒故說　法性不可說　常住於世間
若能知如是　不生亦不滅　菩薩念衆生　不解是法相　為之勤精進
令得離顛倒　諸佛常不得　衆生決定相　而彼弘大願　常觀精進力
思惟一切法　知皆如幻化　不得堅牢相　觀之如虛空　從虛妄分別
貪著生苦惱　為斯開法門　令得入涅槃　為彼行精進　而不壞於法
離法非法故　常行真精進　是等行遠離　了達无諍定　獨處无憒閙
常厭於生死　樂住於閑居　猶如犀一角　遊戲衆禪定　明達諸神通
心常住平等　等空閑聚落　威儀无變異　恒樂於禪定　信解常定法
及寂滅无漏　其心得解脫　故說常定者　自住平等法　以此道衆生
不違平等行　故說常定者　志念常堅固　不妄菩提心　亦能化衆生
故說常定者　常念於諸佛　真實法性身　遠離色身相　故說常定者

故説常定者　常念於諸佛　真實法性身　遠離色身相　故説常定者
常脩念於法　如諸法實相　亦无有憶念　故説常定者　常脩念於僧
僧即是无為　離數及非數　常入如是法　悉見十方國　一切羣生類
而於眼色中　終不生二相　諸佛所説法　一切能聽受　而於耳聲中
亦不生二相　能於一心中　知諸衆生心　自心及彼心　此二不分別
憶念過去世　如恒河沙劫　是先及是後　亦復不分別　能至无量土
現諸神通力　而於身心中　无有疲惓相　分別知諸法　樂説辯无盡
於无央數劫　開示法性相　智慧度彼岸　善解陰界入　常為衆生説
无取无戲論　善知因緣法　遠離二邊相　知是煩惱因　亦知是淨因
信解因緣法　則无諸邪見　法皆屬因緣　无有定根本　我見與佛見
空見生死見　涅槃之見等　皆无是諸見　无量智慧光　知諸法實相
无閡无邊等　是行菩提道　是乘名大乘　不可思議乘　悉容諸衆生
猶不盡其量　一切諸乘中　是乘為第一　如此大乘者　能出生餘乘
餘乘有限量　不能受一切　唯此无上乘　能悉受衆生　若行此无量
虛空之大乘　於一切衆生　无有慳惜心　虛空无有量　亦无有形色
大乘亦如是　无量无障导　若一切衆生　乘於此大乘　當觀是乘相

捨是身以後　終不墮惡道　常生天人中　於後惡世時　若得聞是經
我皆与受記　究竟成佛道　若信此經者　佛法在是人　是人在佛法
亦能轉法輪　若人持是經　能轉无量劫　生死諸往来　得近於佛道
若能持是經　精進大智慧　是名極勇猛　能破魔軍衆　我於然燈佛
住忍得受記　若有樂是經　我授記亦然　若人於佛後　能解說是經
佛雖不在世　為能作佛事
佛說是偈時五千天子皆發阿耨多羅三藐三菩提心二千菩薩
得无生法忍七千比丘不受諸法漏盡心得解脫三万二千人
遠塵離垢於諸法中得法眼淨尒時文殊師利法王子白佛言
世尊如我解佛所說義若人發菩提願是為邪願所以者何
諸有所得悉皆是邪若計得是菩提而發願者是人諸所作行
皆為是邪所以者何菩提不在欲界不在色界不在无色界
若菩提无有住處不應發願世尊譬如有人願得虛空寧得
虛空不佛言不也世尊菩薩亦如是發同虛空相菩提相菩
提之願即是發虛空願菩提出過三世非是受相不可願
也若菩薩起二相發菩提心作是念生死与菩提異邪見与

提之願即是發虛空願菩提出過三世非是愛相不可願
也若菩薩起二相發菩提心作是念生死与菩提異即見与
菩提異涅槃与菩提異是則不行菩提道也

思益經卷第三

思益梵天所問經卷第四

尒時思益梵天謂文殊師利菩薩云何行名菩提行荅言若菩薩
行一切法而於法无所行是名菩提行所以者何出過一切所行是行
菩提又問云何出過一切所行是行菩提荅言離眼耳鼻舌身
意諸緣相是名出過一切所行又問出過有何義荅言不出過平等
所以者何一切法平等即是菩提又問云何是發菩提願荅言當
如菩提又問云何為菩提荅言菩提非過去非未來非現在是
故菩薩應以三世清淨心發菩提願梵天如過去未來現在法從
本已來常不生不生故不可說如是發願无所發願是發一切願所
以者何以是行道能得薩婆若又問何故說言薩婆若荅言悉
知一切真智慧故名薩婆若又問何等是真智慧荅言无變異相如
衆生无變異相真智慧亦无變異相又問云何是衆生相荅言假名字

等故菩提平等衆生性无我故如是可得菩提是故菩提无有
變異所以者何如虛空无變異相一切諸法亦无變異相尒時思
益梵天謂文殊師利如來是實語者能說如是法文殊師利言如
來於法无所說何以故如來尚不得諸法何况說思益言如來豈不
不說諸法是世間是出世間是有為是无為耶文殊利言於汝
意云何是虛空可說可分別不思益言不也文殊師利言今說虛
空名字以所說故有生有滅耶思益言不也文殊師利言如來說法
亦復如是不以說故諸法有生有滅如此說法是不可說相亦以此
法有所教誨是无所教誨所以者何如說法性不說法性亦如是是
故說一切法性住於如中如是亦无所住尒時釋梵四天王俱在會中
即以天華散於佛上而作是言世尊若善男子善女人聞文殊
師利說是法有信解者當知是人能破魔軍及諸怨敵所以者何
文殊師利今所說法能破一切耶見妄相世尊若善男子善女人
聞是法不驚不怖當知是人不從小功德來若是經所在之處
當知此處則為諸佛擁護受用若人聞是經處當知此處轉於法
輪是經在所住處聚落村邑山林曠野若寺僧房經行之處

BD00078-3　思益梵天所問經（异本）卷三　　　BD00078-4　思益梵天所問經（异本）卷四

輪是經在所住處聚落村邑山林曠野塔寺僧房經行之處
諸魔外道貪著之人不能侵燒世尊若人多供養過去諸佛乃
能得聞如是經典世尊我於此經中得智慧光明而不能得
報佛及文殊師利思益梵天之恩世尊我等所從聞經於是法
師生世尊想我等常當隨侍說是法者此善男子常為諸天之
所衛護若人書寫是經讀誦解說時无量諸天為聽法故來至其
所尒時世尊語釋梵四天王等大衆言善哉善哉如汝所說若
三千大千世界滿中珍寶以為一分聞是經者所得功德以為一
分福勝於彼置是三千大千世界若恒河沙等十方世界滿中珍寶
聞是經者所得功德復勝於彼諸善男子若欲得功德者當聽
是經欲得身色端正欲得財富欲得眷屬欲得自在欲得具足天樂
人樂欲得名稱欲德多聞憶念堅固正行威儀式芝智慧解達經
書欲得善知識欲德三明六通欲得一切善法欲得阿耨多羅三藐
三菩提欲得与一切衆生樂具欲得涅槃者當聽是經受持讀誦
如法脩行廣為人說諸善男子若行是經者我不見其人不得
如此具足快樂諸善男子我今語汝若人所從聞是經處若和上

无染汙染汙之物所不能報諸善男子是法餘无能報唯有一事如
說脩行若人於此（法）中能如說脩行者是名能報師恩亦為恭敬於師
淨畢報恩是名不空食人信施是名順如來語順如來教是名越度
諸流是名過諸險道是名建立勝幢是名能破敵陣是名師子之
王无所畏故是名像王心柔軟故是名牛王外道論師无能壞故是
名醫王能療一切衆生病故是名无所驚怖能說甚深法故是
名能具足捨（捨）諸煩惱故是名持清淨戒究盡善法故是名得
大忍辱離我我所故是名大精進力能於无量劫心无惓故是名
具足禪定常念繫心住一處故是名有大智慧善解言說諸章
句故是名有大功德以无量福莊嚴身相故是名有大威德能蔽
日月諸光明故是名大力持佛十力故是名大雲能震法雷故是
名大雨滅煩惱塵故是名為捨至涅槃故是名大救救生死畏故
是名燈明離无明闇故是名歸趣魔所怖者之所依故是名衆生（救）
究竟之道是名得位坐道場故是名已得法眼是名見諸法
如是名知空法相是名安住大悲是名安立大慈是名不捨一切
衆生是名背（於）小乘是名向於大乘是名除捨顛倒是名至于平

衆生是名背於小乘是名向於大乘是名除橋顛倒是名至于平
等是名入於法位則是名爲安住道場是名破壞諸魔是名
轉於法輪諸善男子我若一劫若減一劫稱揚讚嘆說是如說
脩行功德不能窮盡如来之辯亦不可盡　尒時會中有天
子名不退轉白佛言世尊所說隨法行隨法行者爲何謂也佛告
天子隨法行者不行一切法所以者何若不行諸法則不分別是正是
耶如是行者不行善不行不善不行有漏不行无漏不行世間不行
出世間不行有爲不行无爲不行生死不行涅槃是名隨法行若
越法相者是則不名隨法行也若念言我行是法是則戲論不隨
法行若不受一切法則隨法行於一切法无憶念无分別无所行是
名隨法行尒時不退轉天子白佛言世尊若能如是隨法行者是
人畢竟不復耶行所以者何正行者名爲畢竟正住耶道者无
隨法行住正道者有隨法行世尊行正行者无有耶法所以者何
諸法平等无差別故尒時思益梵天謂不退轉天子汝等於此
中隨法行不答言若世尊所說法中有二相者我當行隨法行
今以无二相是隨法行於中行者及所行法俱不可得梵天我以不

言此佛土不能思惟分别見與不見天子言我亦不能思惟分别
曾於佛土見与不見思益言何人未見能見荅言一切凡夫未見聖
法位若能入者是爲先所未見而見是法位相非眼所見非耳鼻
舌身意識所知但應隨如相見如眼如乃至意如法位如亦如是若
能如是見者是名正見　尒時釋提桓因白佛言世尊譬如
賈客主入於寶州其人所見皆是寶物如是我説不可思議功德
者有所樂説皆是法寶所樂説者皆亦實際所樂説者於諸
法中无所貪著不著彼我所樂説者皆是真實无有顛倒所
樂説者過去際空未來際不可得現在際不起見所樂説者不
信解者得信解信解者得解脱所樂説者破增上慢无增上
慢者自説所作已辦所樂説者魔不得便所聽法者超渡魔
事所樂説者未生善法令生已生善法令得增長所樂説者已
生諸煩惱令斷未生諸煩惱令不生所樂説者未大莊嚴者令
大莊嚴已大莊嚴者令不退轉所樂説者不斷滅諸法而護佛法
世尊以是樂説能降伏一切外道所以者何一切野干不能於師子王
前自現其身况聞其吼世尊一切外道諸論議師不能堪忍无上師

前自現其身況聞其吼世尊一切外道諸論議師不能堪忍无上師
子之吼亦復如是尒時不退轉天子謂釋提桓憍尸迦所言師子吼
師子吼者為何謂耶荅言若行者說法无所貪著是名師子吼
若行者貪著所見故而有所說是野干鳴不名師子吼起諸耶見故
天子汝當復說所以為師子吼者天子言憍尸迦有所說法乃至如
来尚不貪著何況餘法是名師子吼又憍尸迦如說脩行名師子吼
決定說法名師子吼說法无畏名師子吼又憍尸迦若行者為不生不
滅不出故說法名師子吼若為无垢无淨无合无散故說法名師子吼
又憍尸迦師子吼名決定說一切法无我无衆生師子吼名決定說
諸法空師子吼名守護法故而有所說師子吼名作是願言我當作
佛滅一切衆生苦惱師子吼名清淨所須物中少欲知足師子吼名常
能不捨阿蘭若住處師子吼名行施唱導師子吼名不捨持戒師子
吼名等心怨親師子吼名常行精進不捨本願師子吼名能除煩惱
師子吼名以智慧善知所行說是師子吼法時三千大千世界六種
震動百千伎樂不鼓自鳴其大光明普照天地百千諸天踊躍歡喜
言我等聞不退轉天子說師子吼法於閻浮提再見法輪轉時佛

相入於是思益梵天向佛合掌以偈讚曰
度一切慧寂勝尊 悉知三世衆生行 智慧功德及解脫 唯願演說此因緣
佛慧无量无障导 聲聞緣覺所不及 知衆生心隨應說 願寂上尊說此緣
佛光可樂淨无穢 普照天人蔽日月 須弥鐵圍及衆山 願无比尊說此緣
大聖寂然離瞋恨 天人瞻仰无猒足 一切皆蒙得快樂 願為分別此因緣
通達諸法空无我 水沫雲霧夢覺 水中月影虛空相 願以妙音說此緣
離分別相諸邪見 了空无相及无作 常樂禪定寂然法 願說於此淨光緣
不著文字言音聲 說不依法及衆生 彼各自謂為我說 願神通智說此緣
佛為醫王滅衆病 那羅延力救世者 趣捨燈明究竟道 天人供養說此緣
尒時佛告思益梵天汝見是不退轉天子不唯然已見梵天此不
退轉天子從今已後過三百二十万億阿僧祇劫當得作佛号須
弥燈王如来應供正遍知明行足善逝世間解无上士調御丈
夫天人師佛世尊世界名妙化劫名梵嘆其國佛土以閻浮檀金
流離為地純以菩薩為僧无諸魔怨所須之物應念即至佛壽
无量不可計數於是思益梵天謂不退轉天子如来今已授仁
者記天子言梵天如與如法性受記與我受記亦復如是思益言

者記天子言梵天如與如法性受記與我受記亦復如是思益言
如法法性不可授記天子言如法性不可授記者當知一切菩薩授記
亦復如是思益言若如來不与汝記汝於過去諸佛所則為空住
梵行天子言若无所住是住梵行思益言云何无住而住梵行答
言若不住欲界不住色界不住无色界是住梵行又梵天若
行者不住我不住衆生不住壽命者不住人是住梵行以要言
之若不住法不住非法是住梵行又問梵行者有何義答言住不二道
是梵行義又問住不二道為住何所答言住不二道是則不住一切
諸法所以者何衆賢聖无所住不取於法能度諸流又問云何為脩
道答言不隨有不隨无亦不分別是有是无習如是者名為脩道
又問以何法脩道答言不以見聞覺知法不以得不以證於一切法无相
无示名為脩道又問何謂菩薩牢強精進答言若菩薩於諸法
不見一相不見異相是名菩薩牢強精進大莊嚴也於諸法不壞
法性故於諸法无著无斷无增无減不見垢淨出過法性是名菩薩
第一牢強精進所謂身无所起心无所起於是世尊讚不退轉天子
言善哉善哉讚已語思益梵天言如此天子所說身无所起心无所

衆生給其所須一切難行苦行慇懃精進而過去諸佛不見授
阿耨多羅三藐三菩提記所以者何我住身口心起精進相故
梵天我後得如天子所說牢強精進故然燈佛授我記言汝於來
世當得作佛号釋迦牟尼是故梵天若菩薩疾欲受記應當
修習如是牢強精進所謂於諸法不起精進相世尊何等是不起
相精進佛言三世等空精進是名不起相精進世尊云何為
三世等空精進佛言過去心已滅未來心未至現在心无住法若
滅不復更起若未至即无生相若无住即住實相有實相亦无
有生若法无生則无去來今若无去來今者則從本以來性常
不生是名三世等空精進能令菩薩疾得受記梵天菩薩成就
如是法忍者能了達一切法无所捨是名檀波羅蜜了達一切法
无漏是名尸波羅蜜了達一切法无傷无忍是名羼提波羅蜜
了達一切法无所起是名毗梨耶波羅蜜了達一切法平等是名
禪波羅蜜了達一切法无所分別是名般若波羅蜜若菩薩
如是了達則於諸法无增无減无正无耶是菩薩雖布施不求
果報雖持戒无所貪著雖忍辱知內外空雖精進知无起相雖

BD00078-4　思益梵天所問經（异本）卷四

如是了達則於諸法无增无減无正无耶是菩薩雖布施不求
果報雖持戒无所貪著雖忍辱知內外空雖精進知无起相雖
禪定无所依止雖行慧无所取相梵天菩薩成就如是法忍雖
亦現一切所行而无所染汙是人得世間平等相不爲利衰毀譽
稱譏苦樂之所傾動出過一切世間法故不自高不自下不喜不
慼不動不逸无二心離諸緣得无二法爲見二法衆生起大
悲心爲其受身而教化之梵天是名第一牢强精進所謂得无
我空法忍而於衆生起大悲心爲之受身說是牢强精進相時八
千菩薩得无生法忍佛爲授記皆當得阿耨多羅三藐三菩
提各於異土得成佛道皆同一号号堅精進
尒時大迦葉白佛言世尊譬如大龍若欲雨時雨於大海此諸
菩薩亦復如是以大法雨雨菩薩心佛言迦葉如汝所說諸大龍王
所以不雨閻浮提者非有悋也但以其地不堪受故所以者何
大龍所雨渧如車軸若其雨者是閻浮提及城邑聚落山林陂
池悉〔皆〕漂流如漂棗葉是故大龍不雨於閻浮提如是迦
葉此諸菩薩所以不雨法雨於餘衆生者亦无悋心以其器不

車軸不增不減此諸菩薩亦復如是若於一劫若復百劫若聽若
說其法湛然不增不減迦葉又如大海百川衆流入其中者同一鹹
味此諸菩薩亦復如是聞種種法種種議論皆能信解為一
空味迦葉又如大海澄淨无垢濁水流入即皆清潔此諸菩薩
亦復如是淨諸結恨塵勞之垢迦葉又如大海甚深无底此諸菩薩
亦復如是能思惟无量法故名為甚深一切聲聞辟支佛不能測
故名為无底迦葉又如大海集无量水此諸菩薩亦復如是集
无量法得无量智慧是故說諸菩薩心如大海迦葉又如大海積
聚種種无量珎寶此諸菩薩亦復如是入種種法門集諸法寶
種種行道出生无量法寶之聚迦葉又如大海有三種寶一者
少價二者有價三者无價此諸菩薩所可說法亦復如是隨諸
衆生根之利鈍令得解脫有以小乘而得解脫有以中乘而得解
脫有以大乘而得解脫迦葉又如大海漸漸轉深此諸菩薩亦復
如是向薩婆若漸漸轉深迦葉又如大海不宿死屍此諸菩薩亦
復如是不宿聲聞辟支佛心亦不宿慳貪毀戒瞋恚懈怠亂念愚
癡之心不宿我人衆生之見迦葉又如劫盡燒時諸小陂池江河

癡之心不有我人衆生之見迦葉又如劫盡燒時諸小陂池江河
泉源在前枯竭然後大海乃當清盡正法滅時亦復如是諸行
小道正法先盡然後菩薩大海之心正法乃滅迦葉此諸菩薩
寧失身命不捨正法汝謂菩薩失正法耶勿造斯觀迦葉
如彼大海有金剛珠名集諸寶乃至七日出時大至梵世而此
寶珠不燒不失轉至他方大海之中若是寶珠在此世界世界
燒者无有是處此諸菩薩亦復如是正法滅時七耶法出尒乃
至於他方世界何等為七一者外道論二者惡知識三者耶用道
法四者手相拙亂五者入耶見稠林六者不脩福德七者无有得道
此七惡法出時是諸菩薩知諸衆生不可得度尒乃至於他方佛
國不離見佛聞法教化衆生增長善根迦葉又如大海為无量
衆生之所依止此諸菩薩亦復如是衆生依止得三種樂人樂
天樂涅槃之樂迦葉又如大海鹹不可飲此諸菩薩亦復如是諸
魔外道不能吞滅於是大迦葉白佛言世尊大海雖深尚可測
量此諸菩薩不可測也佛告迦葉三千大千世界微塵猶可數
知此諸菩薩功德无量不可數也尒時世尊欲重宣此事義而說偈言

又如大海不受濁　濁水流入悉清淨　此諸菩薩亦如是　不受一切煩惱垢
又如大海无崖底　此諸菩薩亦如是　功德智慧无有量　一切衆生不能測
又如大海无別異　百川流入皆一味　此諸菩薩亦如是　所應聽受同一相
又如大海所以成　非但爲一衆生故　此諸菩薩亦如是　普爲一切發道心
如海寶珠集諸寶　因是寶故有衆寶　菩薩寶聚亦如是　從菩薩寶出三寶
如大海出三種寶　而此大海无分別　菩薩說法亦如是　三乘度人无彼此
又如大海漸漸深　此諸菩薩亦如是　爲衆生故脩功德　迴向甚深薩婆若
又如大海不宿屍　此諸菩薩亦如是　發清淨心菩提願　不宿聲聞煩惱心
如大海有堅牢寶　其寶名曰集諸寶　劫盡燒時終不燒　轉至他方諸佛國
正法滅時亦如是　堅精進者能持法　知諸衆生不可度　轉至他方諸佛國
三千世界欲壞時　火劫將起燒天地　百川衆流在前涸　尒乃水王於後竭
行小道者亦如是　法欲盡時在前滅　菩薩勇猛不惜身　護持正法後乃盡
若佛在世滅度後　是心中法寶不滅　深心清淨住是法　以此善法脩行道
百千衆生依止海　海成非爲一衆生　菩薩發心亦如是　爲度一切衆生故
十方世界諸大海　猶尚可得測其量　是諸菩薩所行道　聲聞緣覺不能測
迦葉當知諸菩薩　勇猛精進迴向心　願欲作佛度衆生　无尚与等何況勝

迦葉當知諸菩薩　勇猛精進一向心　願欲作佛度衆生　无尚与等何况勝
是德寶聚如大海　是可供養良福田　是為最上大醫王　能療一切衆生病
是世歸依作救護　州渚燈明究竟道　能与世間无明眼　得眼則能服甘露
是為世間諸法王　是為宗擇決斷智　是為梵王行四禪　是為能轉梵法輪
是為大智道世師　示諸邪徒正真道　是為勇猛能破魔　是為清淨除煩惱
是脩白法如滿月　光明高顯猶如日　智慧超出如須弥　猶如密雲雨甘露
是无所畏如師子　是心調柔如象王　是則譬如金剛山　一切外道不能壞
是則清淨猶如水　是有威猛如大火　是則如風无障导　是則如地无能動
是拔憍慢我慢等　是如藥樹无分別　是持淨戒如蓮華　是於世法无所染
是如優曇鉢羅華　千万億劫時一出　是為知報佛之恩　是為不斷諸佛種
是為精進行大悲　是用慈喜而超出　是能捨離五欲心　是常求佛法寶財
是行布施為最勝　是持淨戒无等侶　是忍辱健无曠乏　是懃精進无猒惓
是行禪定具神通　能至无量諸佛國　常見諸佛聽受法　如其所聞為人說
知是衆生所行道　隨其性欲根利鈍　是名善知方便力　是然慧燈得濟彼
是能善知一切法　皆從和合因緣生　是能決了因緣相　離於我見衆生等
是能正觀於諸法　為從何來至何所　善知諸法无去來　常住法性而不動
是見有為法皆空　增益大悲濟衆生　衆生妄想起衆苦　為欲度故脩行道

是能知此從顛倒　无我无人无衆生　我當如是脩正道　无常我樂及不淨
迦葉當知此菩薩　我所稱歎諸功德　於其所行不可盡　猶如大地舉一塵
若發菩提心不退　三千大千供養具　若復有供過於此　志應供養如是人
若人發心願作佛　是則恭敬供養我　於去來今十方佛　亦皆恭敬供養已
尒時思益梵天謂文殊師利法王子當請如來護念斯經於後末世五
百歲時令廣流布文殊師利言於汝意云何佛於是經有說有亦可護
念耶思益梵天不也梵天是故當知一切法无（无說）亦有无護念是法
終不可滅不可護念若欲護此法者為欲護念虛空梵天菩薩若
欲有所受法即非法言所以者何出過一切言論是名菩薩樂无諍訟
梵天若有菩薩於此衆中作是念令說是法當知是人即非聽法所
以者何不聽法者乃為聽法梵天言何故說不聽法者乃為聽法
文殊師利言不漏眼耳鼻舌身意是聽法也所以者何若於內六入
不漏色聲香味觸法中乃為聽法尒時會中三万二千天子五百比丘
三百比丘尼八百優婆塞聞文殊師利所說皆得无生法忍得生忍已
作是言如是如是文殊師利如仁者所說不聽法者乃為聽法尒
時思益梵天問得忍諸菩薩言汝等豈不聽是經耶諸菩薩言

作是言如是如是文殊師利如仁者所說不聽法者乃為聽法尒
時思益梵天問得忍諸菩薩言汝等豈不聽是經耶諸菩薩言
如我等聽以不聽為聽又問汝等云何知是法耶荅言以不知為知
又問汝等得何等故名為得忍荅言以一切法不可得故我等名
為得忍思益言云何隨是法行荅言以不隨行故隨行又問汝等
於此法中明了通達耶荅言一切諸法皆明了通達无彼我故尒時
會中有天子名淨相謂思益梵天若有但聞此經佛不与受記者我
當受其阿耨多羅三藐三菩提記所以者何此經不破因果能生一
切善法能壞魔怨離諸憎愛能令衆生心得清淨能令信者皆
得歡喜斯經能除諸瞋根斯經一切善人之所修行斯經一切諸佛
之所護念斯經一切世間天人阿脩羅所共守護斯經決定至不退轉
故斯經不誑至道場故斯經真實能令衆生得諸佛法故斯經能轉
法輪斯經能除疑悔斯經能開聖道斯經求解脫者所應善聽斯
經欲得陁羅尼者所應善持斯經求福之人所應善說斯經樂法
之人所應善念斯經能与快樂至於涅槃斯經若魔外道有所得人
所不能斷斯經應受供養人能隨其義斯經能令利根者欣悅斯經

說第一義故斯經愛樂法之人所之貪惜斯經有智之人所不能離斯
經施者之大藏斯經熱惱之凉池斯經能令慈者心等斯經能令懈
怠者精進斯經能令妄念者得定斯經能与愚者慧明梵天斯
經一切諸佛之所貴重淨相天子說是法時三千大千世界皆大震動
佛即讚言善哉善哉天子如汝所說尒時思益梵天白佛言世尊是
天子曾於過去諸佛所聞是經耶佛言是天子已於六十四億諸佛
所得聞是經過四万二千劫當得作佛号寶莊嚴國名多寶於其中間
有諸佛出皆得供養亦聞是經梵天是諸比丘比丘尼優婆塞優婆
夷諸天龍鬼神在此會中得法忍者皆當得生多寶國土尒時淨
相天子白佛言世尊我今不求菩提不願菩提不貪菩提不樂菩
提不念菩提不分別菩提云何如來見授記耶佛告天子如以草木
莖節枝葉授於火中而語之言汝等莫然汝等莫然若以是語而
不然者无有是處天子菩薩亦如是雖不喜樂貪著菩提當知
是人已為一切諸佛所記所以者何若菩薩不喜不樂不貪不著
不得菩提則於諸佛必得受阿耨多羅三藐三菩提記
尒時會中有五百菩薩白佛言世尊我等今不求菩提不願菩提

尒時會中有五百菩薩白佛言世尊我等今不求菩提不願菩提
不憙樂菩提不貪著菩提不思念菩提不分别菩提作是語已
以佛神力即見上方八万四千諸佛授其阿耨多羅三藐三菩提記
尒時五百菩薩白佛言未曾有也世尊如來所說甚善快哉所謂
菩薩不求不願不貪不憙不樂不得菩提而諸佛授記世尊我等
今見上方八万四千諸佛皆与我等受阿耨多羅三藐三菩提記
尒時文殊師利白佛言唯願世尊護念是經於當來世後五百歲廣
宣流布於閻浮提令得久住又令大莊嚴善男子善女人咸得聞之
設魔事種種起而能不隨魔若魔民不得其便以受持是經
故終不退失阿耨多羅三藐三菩提尒時佛告文殊師利如是如是
汝今善聽欲令此經久住故當爲汝說呪諸天龍夜叉乹闥婆鳩
槃茶等呪術之名若法師誦持此呪則能致諸天龍夜叉乹闥婆
阿脩羅迦樓羅緊那羅摩睺羅伽等常隨護念是法師若行道
路若失道時若在聚落若在空閑若在僧坊若在宴坐若經
行處若在衆會是諸神等常當隨侍衛護益其樂說辯才
又復爲作堅固憶念慧力因緣无有怨賊得其便者使是法師行

睺樓 睢樓 睺樓 禋婆羅 卑多羅 麹丘羅 阿删𫌇伽帝 摩醯履
摩那徒 摩袮 婆睺乹地 薩婆樓帝 羅婆波伽帝 卑頭羅 南无
佛䭾 遮梨 帝羅 南无達磨 涅伽陁袮 南无僧伽 和醯陁眠 婆眉
陁袮 薩婆波波袮 麑帝羅 袮浮提瘦 薩遮涅提舍 梵嵐波舍
多子刹恭師 䩭波舍多 阿哆羅提詑提 薩婆浮多𨋢羅呵 呼眷反
南无佛䭾悉闍緾曼哆邏
文殊師利是爲呪術章句若菩薩摩訶薩欲行此經者當誦持是
呪術章句應一心脩行不調戱不散乱舉動進止悉令淨潔不畜
餘食少欲知足獨處遠離不樂憒内身心遠離常樂慈悲以法
憙樂安住實語不欺誑人貴於坐禪樂欲說法行於正念常離耶
念常樂頭陁細行之法於得不得无有憂喜趣向涅槃畏猒生死
等心憎愛離別異相不惜身命及一切物无有貪惜威儀成就常
樂持戒忍辱調柔惡言能忍顏色和悅无惡姿容先意問訊除
去憍慢同上歡樂文殊師利此諸法師住如是法誦是呪術即於
現世得十種力何等爲十得念力不忘失故得慧力善擇法故得
行力隨經意故得堅固力行生死故得慚愧力護彼我故得多聞
力具足慧故得陁羅尼力一切聞能持故得樂說辯才力諸佛護

行无陰緣意故得無因不行生死故得熏慢大誦行手故得多聞
力具足慧故得陀羅尼力一切聞能持故得樂說辯才力諸佛護
念故得深法力故具足五通故得无生忍力速得具足薩婆若故文殊
師利若法師能作是行誦持呪術現世得是十力佛說是呪術力時
四天王驚怖毛竪与无量鬼神眷屬圍繞前詣佛所頭面礼足白佛
言世尊我是四天王得須陀洹道順佛教者我等各當率諸親屬
營從人民衛護法師若善男子善女人護念法者能持如是等經
讀誦解說我等四天王常往衛護是人所在之處若城邑聚落
若空閑淨處若在家出家我等及眷屬常當隨侍供給令心
安隱无有惱惓亦使一切无能嬈者世尊又是經所在之處面五十
里若天天子若龍龍子若夜叉夜叉子若鳩槃茶鳩槃茶子等不能
得便尒時毗流勒迦護世天王即說偈言
我所有眷屬　親戚及人民　皆當共衛護　供養是法師　尒時毗流
婆叉天王即說偈言　是諸法王子　從法而化生　求菩提佛子　我皆當供給
尒時提頭羅吒天王即說偈言　若有諸法師　能持如是經　我常當衛護
周遍於十方　尒時毗賒婆那天王即說偈言　是人發道心　所應受供養
一切諸衆生　无能辦之者　尒時毗賒婆那天王子名曰善賓持七寶

世尊无見頂　今奉此妙蓋　願我得如是　无見之頂相　我以愛敬心
瞻仰於世尊　願成清淨眼　得見弥勒佛　度智慧世尊　即時以偈荅
汝於此命終　即生兜率天　從兜率下生　得見弥勒佛　二万歲供養
亦乃行出家　既得出家已　淨脩於梵行　賢劫中諸佛　一切悉得見
亦皆供養之　於彼脩梵行　過六十億劫　汝當得成佛　号名為寶蓋
國土莊嚴淨　唯有菩薩僧　為講說妙法　壽命盡一劫　若滅度已後
正法住半劫　利益諸衆生　　尒時釋提桓因与无數百千諸天圍
繞白佛言世尊我等今亦當衛護能持如是比經諸法師等供養
供給是經所在之處若讀誦解說我為聽受法故往詣其所又當
增益法師氣力法句次弟令不漏失　　尒時釋提桓因子名曰
劬婆伽持真珠蓋七寶莊嚴奉上如來即說偈言
我常堪了知　世尊之所行　亦當如是行　求佛一切智　世尊於前世
无物不施与　我當隨此行　亦捨諸所有　我今法王前　受持如是經
常數為人說　以報如來恩　若愛念是經　是即与我同　我當供養之
為得菩提故　世尊聲聞人　不能守護法　於後恐怖世　我當護是經
世尊安慰我　又斷諸天疑　我今當久如　得佛如世尊　佛通達智慧
即時白之已　汝後當作佛　如我今无異　過去无量劫　人復過百億

爲得善利故　世尊處聞人　不能宣說法　於後末世中　我當說是經
世尊安慰我　又斷諸天疑　我今當久如　得佛如世尊　佛通達智慧
即時与授記　汝後當作佛　如我今无異　過於千億劫　又復過百億
尒乃得成佛　号曰爲智生　尒時娑婆世界主梵天王白佛言
世尊我捨禪定樂往詣法師所若善男子善女人能說是法者
所以者何從如是等經出帝釋梵王諸豪尊等世尊我當供
養是諸善男子是諸善男子應受一切世間天人阿脩羅之所
供養尒時妙梵天王即說偈言　比丘比丘尼　諸清信士女
其能受此經　是世供養處　乃至有一人　能行是經者　我要當爲之
演說如是法　敷衆妙華坐　高至于梵天　於此坐上座　廣說如是經
若於惡世中　所從聞此經　應發希有心　踊躍稱善哉　若无量世界
大火悉充滿　要當從中過　往聽如是經　能開佛道經　若欲得聞者
積寶如須弥　應盡供是人　尒時世尊現神通力令魔波旬及其軍
衆來詣佛所而作是言世尊我与眷屬令於佛前立此誓願是
經所流布處若說法者及聽法者并彼國土令其不起魔事亦
當擁護是經尒時世尊放金色光照此世界告文殊師利言如來
令護念是經利益諸法師故是經在閻浮提隨其歲數佛法不

（38–37）

是經不阿難言唯然受持阿難我今以是經囑累於汝當受持讀
誦為人廣說阿難白佛言世尊若人受持是經讀誦解說得幾所功
德佛告阿難隨是經所有文字章句之數盡壽以一切樂具供養
尒所諸佛及僧若人乃至供養是經尊重恭敬讚嘆其福為勝
是人現世得十德之藏何等為十見佛藏得天眼故聽法藏得天耳
故見僧藏得菩薩不退轉故无盡財藏得寶手故色身藏具
三十二相故眷屬藏得不可壞眷屬故辯所未聞法藏得陀羅尼
故憶念藏得樂說辯才故无所畏藏破壞一切外道論故福德藏利
益衆生故智慧藏得一切諸佛法故佛說是經時七十二那由他衆生
得无生法忍无量衆生發阿耨多羅三藐三菩提心无數衆生不
受諸法漏盡心得解脫尒時阿難即從坐起偏袒右肩頭面禮佛
足白佛言世尊當何名此經云何奉持佛告阿難此經名為攝一切
法亦名莊嚴諸佛法又名思益梵天所問又名文殊師利論議當
奉持之佛說是經已文殊師利法王子及思益梵天等行菩薩長老
摩訶迦葉慧命阿難及諸天衆一切世間人受持佛語皆大歡喜

摩訶迦葉慧命阿難及諸天衆一切世間人受持佛語皆大歡喜

思益梵天經卷第四

BD00079 金剛般若波羅蜜經

（後秦）鳩摩羅什 譯

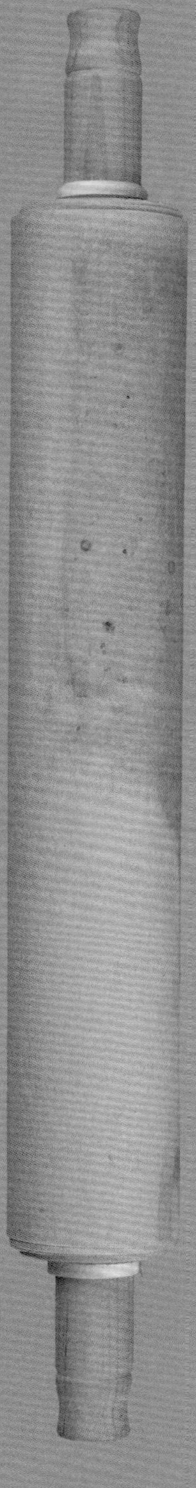

526cm × 25.3cm

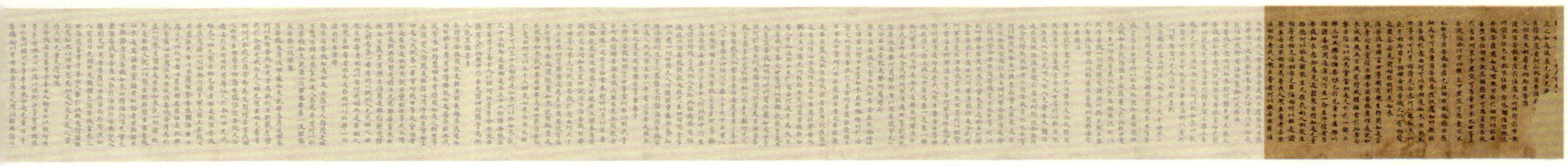

非有想非無想我皆令入
度之如是滅度无量无數
生得滅度者何以故須菩提若
人相衆生相壽者相即非菩薩
復次須菩提菩薩於法應无所住行於布施
所謂不住色布施不住聲香味觸法布施須
菩提菩薩應如是布施不住於相何以故若
菩薩不住相布施其福德不可思量須菩提
於意云何東方虛空可思量不不也世尊須
菩提南西北方四維上下虛空可思量不不
也世尊須菩提菩薩无住相布施福德亦復
如是不可思量須菩提菩薩但應如所教住
須菩提於意云何可以身相見如來不

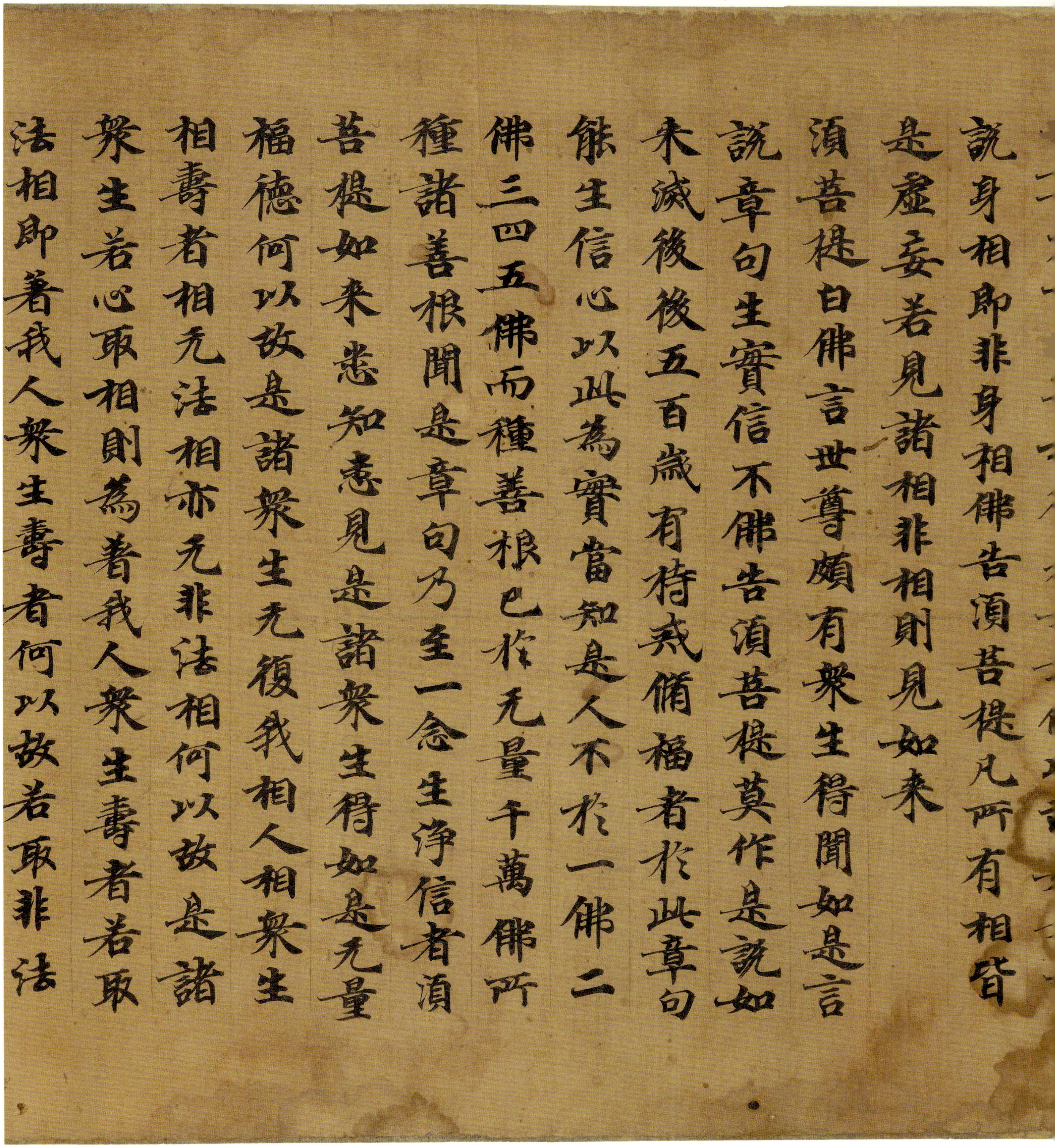

說身相即非身相佛告須菩提凡所有相皆
是虛妄若見諸相非相則見如來
須菩提白佛言世尊頗有眾生得聞如是言
說章句生實信不佛告須菩提莫作是說如
來滅後後五百歲有持戒脩福者於此章句
能生信心以此為實當知是人不於一佛二
佛三四五佛而種善根已於无量千萬佛所
種諸善根聞是章句乃至一念生淨信者須
菩提如來悉知悉見是諸眾生得如是无量
福德何以故是諸眾生无復我相人相眾生
相壽者相无法相亦无非法相何以故是諸
眾生若心取相則為著我人眾生壽者若取
法相即著我人眾生壽者何以故若取非法

法相即著我人衆生壽者何以故若取非法
相即著我人衆生壽者是故不應取法不應
取非法以是義故如来常說汝等比丘知我
說法如筏喻者法尚應捨何况非法
須菩提於意云何如来得阿耨多羅三藐三
菩提耶如来有所說法耶須菩提言如我解
佛所說義无有定法名阿耨多羅三藐三菩
提亦无有定法如来可說何以故如来所說
法皆不可取不可說非法非非法所以者何
一切賢聖皆以无為法而有差别
須菩提於意云何若人滿三千大千世界七
寳以用布施是人所得福德寧為多不須菩

是故如來說福德多若復有人於此經中受
持乃至四句偈等為他人說其福勝彼何以
故須菩提一切諸佛及諸佛阿耨多羅三藐
三菩提法皆從此經出須菩提所謂佛法者
即非佛法
須菩提於意云何須陁洹能作是念我得須
陁洹果不須菩提言不也世尊何以故須陁
洹名為入流而无所入不入色聲香味觸法
是名須陁洹須菩提於意云何斯陁含能作
是念我得斯陁含果不須菩提言不也世尊
何以故斯陁含名一往来而實无往来是名
斯陁含須菩提於意云何阿那含能作是念
我得阿那含果不須菩提言不也世尊何以
故阿那含名為不来而實无來是故名阿那

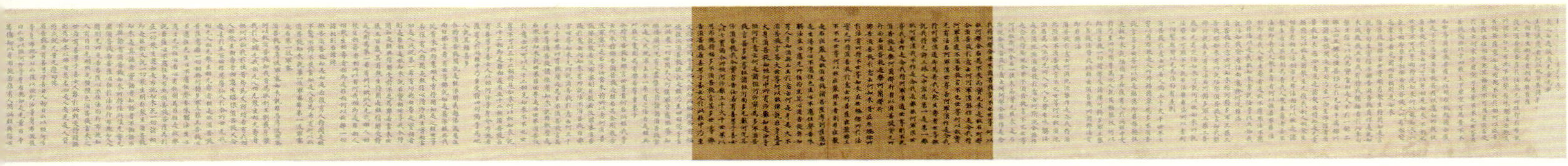

我得阿那含果不須菩提言不也世尊何以
故阿那含名為不來而實无來是故名阿那
含須菩提於意云何阿羅漢能作是念我得
阿羅漢道不須菩提言不也世尊何以故實
无有法名阿羅漢世尊若阿羅漢作是念我
得阿羅漢道即為著我人衆生壽者世尊佛
說我得无諍三昧人中最為第一是第一離
欲阿羅漢我不作是念我是離欲阿羅漢世
尊我若作是念我得阿羅漢道世尊則不說
須菩提是樂阿蘭那行者以須菩提實无所
行而名須菩提是樂阿蘭那行
佛告須菩提於意云何如來昔在然燈佛所
於法有所得不世尊如來在然燈佛所於法
實无所得須菩提於意云何菩薩莊嚴佛土不

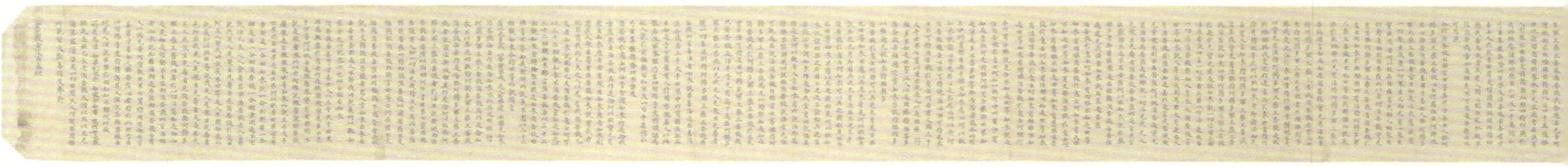

不不也世尊何以故莊嚴佛土者則非莊嚴
是名莊嚴是故須菩提諸菩薩摩訶薩應如
是生清淨心不應住色生心不應住聲香味
觸法生心應无所住而生其心須菩提譬如
有人身如須彌山王於意云何是身為大不
須菩提言甚大世尊何以故佛說非身是名
大身須菩提如恒河中所有沙數如是沙等
恒河於意云何是諸恒河沙寧為多不須菩
提言甚多世尊但諸恒河尚多无數何況其
沙須菩提我今實言告汝若有善男子善女
人以七寶滿尒所恒河沙數三千大千世界以
用布施得福多不須菩提言甚多世尊佛
告須菩提若善男子善女人於此經中乃至
受持四句偈等為他人說而此福德勝前福德

BD00079　金剛般若波羅蜜經

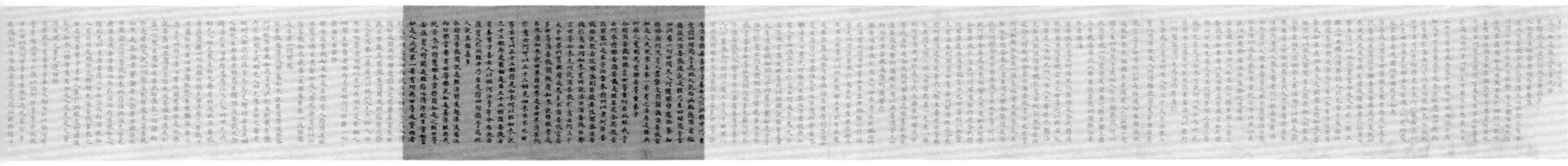

告須菩提若善男子善女人於此經中乃至
受持四句偈等為他人說而此福德勝前福
德復次須菩提隨說是經乃至四句偈等當
知此處一切世間天人阿脩羅皆應供養如
佛塔廟何況有人盡能受持讀誦須菩提當
知是人成就最上第一希有之法若是經典
所在之處則為有佛若尊重弟子
尒時須菩提白佛言世尊當何名此經我等
云何奉持佛告須菩提是經名為金剛般若
波羅蜜以是名字汝當奉持所以者何須菩
提佛說般若波羅蜜則非般若波羅蜜須菩
提於意云何如來有所說法不須菩提白佛
言世尊如來无所說須菩提於意云何三千

名微塵如來說世界非世界是名世界須菩提
於意云何可以三十二相見如來不不也世
尊不可以三十二相得見如來何以故如來說
三十二相即是非相是名三十二相須菩提若
有善男子善女人以恒河沙等身命布施若
復有人於此經中乃至受持四句偈等為他
人說其福甚多
尒時須菩提聞說是經深解義趣涕淚悲泣
而白佛言希有世尊佛說如是甚深經典我
從昔來所得慧眼未曾得聞如是之經世尊
若復有人得聞是經信心清淨則生實相當
知是人成就第一希有功德世尊是實相者

知是人成就苐一希有功德世尊是實相者
則是非相是故如來說名實相世尊我今得
聞如是經典信解受持不足為難若當來世
後五百歲其有衆生得聞是經信解受持
是人則為苐一希有何以故此人无我相人相
衆生相壽者相所以者何我相即是非相人
相衆生相壽者相即是非相何以故離一切
諸相則名諸佛
佛告須菩提如是如是若復有人得聞是經
不驚不怖不畏當知是人甚為希有何以故
須菩提如來說苐一波羅蜜非苐一波羅蜜
是名苐一波羅蜜

何以故須菩提如我昔為歌利王割截身體
我於尒時无我相无人相无衆生相无壽者
相何以故我於往昔節節支解時若有我相
人相衆生相壽者相應生瞋恨須菩提又念
過去於五百世作忍辱仙人於尒所世无我
相无人相无衆生相无壽者相是故須菩提
菩薩應離一切相發阿耨多羅三藐三菩提心
不應住色生心不應住聲香味觸法生心
應生无所住心若心有住則為非住是故佛
說菩薩心不應住色布施須菩提菩薩為利
益一切衆生應如是布施如來說一切諸相
即是非相又說一切衆生則非衆生須菩提
如來是真語者實語者如語者不誑語者不
異語者須菩提如來所得法此法无實无

BD00079　金剛般若波羅蜜經

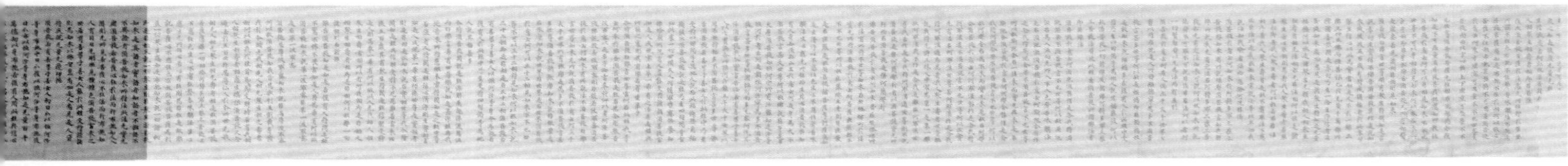

即是非相又説一切衆生則非衆生須菩提
如來是真語者實語者如語者不誑語者不
不異語者須菩提如來所得法此法无實无
虚須菩提若菩薩心住於法而行布施如人入
闇則无所見若菩薩心不住法而行布施如
人有目日光明照見種種色須菩提當來之
世若有善男子善女人能於此經受持讀誦
則為如來以佛智慧悉知是人悉見是人皆
得成就无量无邊功德
須菩提若有善男子善女人初日分以恒河沙
等身布施中日分復以恒河沙等身布施後
日分亦以恒河沙等身布施如是无量百千
萬億劫以身布施若復有人聞此經典信心
不逆其福勝彼何況書寫受持讀誦爲人

解說須菩提以要言之是經有不可思議
可稱量无邊功德如來為發大乘者說為發
最上乘者說若有人能受持讀誦廣為人說
如來悉知是人悉見是人皆得成就不可量
不可稱无有邊不可思議功德如是人等則
為荷擔如來阿耨多羅三藐三菩提何以故
須菩提若樂小法者著我見人見衆生見壽
者見則於此經不能聽受讀誦為人解說須
菩提在在處處若有此經一切世間天人阿
脩羅所應供養當知此處則為是塔皆應恭
敬作礼圍繞以諸華香而散其處
復次須菩提善男子善女人受持讀誦此經
若為人輕賤是人先世罪業應墮惡道以今
世人輕賤故先世罪業則為消滅當得

若為人輕賤是人先世罪業應墮惡道以今
世人輕賤故先世罪業則為消滅當得阿耨
多羅三藐三菩提須菩提我念過去无量阿
僧祇劫於然燈佛前得值八百四千萬億那
由他諸佛悉皆供養承事无空過者若復有
人於後末世能受持讀誦此經所得功德於
我所供養諸佛功德百分不及一千萬億分
乃至筭數譬喻所不能及須菩提若善男子
善女人於後末世有受持讀誦此經所得功
德我若具說者或有人聞心則狂亂狐疑不
信須菩提當知是經義不可思議果報亦不
可思議
尒時須菩提白佛言世尊善男子善女人發阿

其心佛告須菩提善男子善女人發阿耨多
羅三藐三菩提者當生如是心我應滅度
一切衆生滅度一切衆生已而无有一衆生
實滅度者何以故若菩薩有我相人相衆生
相壽者相則非菩薩所以者何須菩提實无
有法發阿耨多羅三藐三菩提者須菩提於
意云何如來於然燈佛所有法得阿耨多羅
三藐三菩提不不也世尊如我解佛所說義
佛於然燈佛所无有法得阿耨多羅三藐三
菩提佛言如是如是須菩提實无有法如來
得阿耨多羅三藐三菩提須菩提若有法如
來得阿耨多羅三藐三菩提者然燈佛則不
與我受記汝於來世當得作佛号釋迦牟尼
以實无有法得阿耨多羅三藐三菩提是故

BD00079　金剛般若波羅蜜經

與我受記汝於來世當得作佛号釋迦牟尼
以實无有法得阿耨多羅三藐三菩提是故
然燈佛與我受記作是言汝於來世當得作
佛号釋迦牟尼何以故如來者即諸法如義
若有人言如來得阿耨多羅三藐三菩提
須菩提實无有法佛得阿耨多羅三藐三菩
提須菩提如來所得阿耨多羅三藐三菩提
於是中无實无虛是故如來說一切法皆是佛
法須菩提所言一切法者即非一切法是故名
一切法須菩提譬如人身長大須菩提言
世尊如來說人身長大則為非大身是名大
身須菩提菩薩亦如是若作是言我當滅度
无量衆生則不名菩薩何以故須菩提實无
有法名為菩薩是故佛說一切法无我无人

莊嚴佛土是不名菩薩何以故如來說莊嚴
佛土者即非莊嚴是名莊嚴須菩提若菩薩
通達无我法者如來說名真是菩薩
須菩提於意云何如來有肉眼不如是世尊
如來有肉眼須菩提於意云何如來有天眼
不如是世尊如來有天眼須菩提於意云何
如來有慧眼不如是世尊如來有慧眼須菩
提於意云何如來有法眼不如是世尊如來
有法眼須菩提於意云何如來有佛眼不如
是世尊如來有佛眼須菩提於意云何恒河
中所有沙佛說是沙不如是世尊如來說是
沙須菩提於意云何如一恒河中所有沙有

BD00079　金剛般若波羅蜜經

沙須菩提於意云何如一恒河中所有沙有
如是等恒河是諸恒河所有沙數佛世界如
是寧為多不甚多世尊佛告須菩提尒所國
土中所有衆生若干種心如來悉知何以故
如來說諸心皆為非心是名為心所以者何
須菩提過去心不可得現在心不可得未來
心不可得須菩提於意云何若有人滿三千
大千世界七寶以用布施是人以是因緣得
福多不如是世尊此人以是因緣得福甚多
須菩提若福德有實如來不說得福德多
以福德无故如來說得福德多
須菩提於意云何佛可以具足色身見不不
也世尊如來不應以具足色身見何以故如來
說具足色身即非具足色身是名具足色

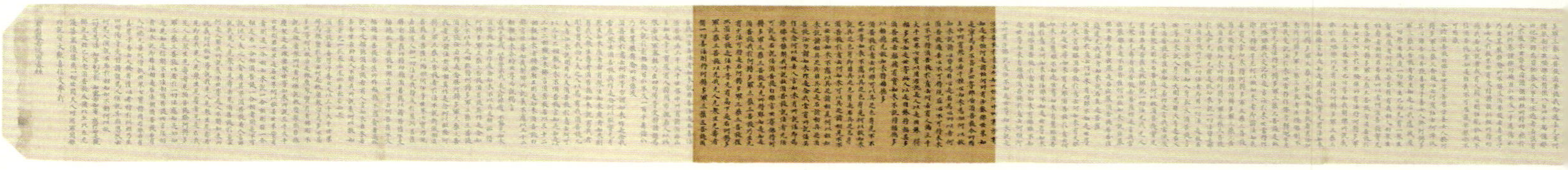

須菩提於意云何如來可以具足諸相見不
世尊如来不應以具足諸相見何以故如
来説諸相具足即非具足是名諸相具足須
菩提汝勿謂如来作是念我當有所説法莫
作是念何以故若人言如来有所説法即為
謗佛不能解我所説故須菩提説法者无法
可説是名説法須菩提白佛言世尊佛得阿
耨多羅三藐三菩提為无所得耶如是如是
須菩提我於阿耨多羅三藐三菩提乃至无
有少法可得是名阿耨多羅三藐三菩提復
次須菩提是法平等无有高下是名阿耨多
羅三藐三菩提以无我无人无衆生无壽者
脩一切善法則得阿耨多羅三藐三菩提須

脩一切善法則得阿耨多羅三藐三菩提須
菩提所言善法者如來說非善法是名善法
須菩提若三千大千世界中所有諸須弥山
王如是等七寶聚有人持用布施若人以此
般若波羅蜜經乃至四句偈等受持讀誦為
他人說於前福德百分不及一百千萬億分
乃至筭數譬喻所不能及
須菩提於意云何汝等勿謂如來作是念我
當度衆生須菩提莫作是念何以故實无有
衆生如來度者若有衆生如來度者如來則
有我人衆生壽者須菩提如來說有我者
則非有我而凡夫之人以為有我須菩提凡

三十二相觀如來佛言須菩提若以三十二
相觀如來者轉輪聖王則是如來須菩提白
佛言世尊如我解佛所說義不應以三十二
相觀如來尒時世尊而說偈言
若以色見我　以音聲求我　是人行邪道　不能見如來
須菩提汝若作是念如來不以具足相故得
阿耨多羅三藐三菩提須菩提莫作是念如
來不以具足相故得阿耨多羅三藐三菩提
須菩提汝若作是念發阿耨多羅三藐三菩
提者說諸法斷滅相莫作是念何以故發阿
耨多羅三藐三菩提者於法不說斷滅相須
菩提若菩薩以滿恒河沙等世界七寶布施
若復有人知一切法无我得成於忍此菩薩

若復有人知一切法无我得成於忍此菩薩
勝前菩薩所得功德須菩提以諸菩薩不受
福德故須菩提白佛言世尊云何菩薩不受
福德須菩提菩薩所作福德不應貪著是故
說不受福德須菩提若有人言如來若來若
去若坐若卧是人不解我所說義何以故如
來者无所從來亦无所去故名如來
須菩提若善男子善女人以三千大千世界
碎為微塵於意云何是微塵衆寧為多不甚
多世尊何以故若是微塵衆實有者佛則不
說是微塵衆所以者何佛說微塵衆則非微
塵衆是名微塵衆世尊如來所說三千大千

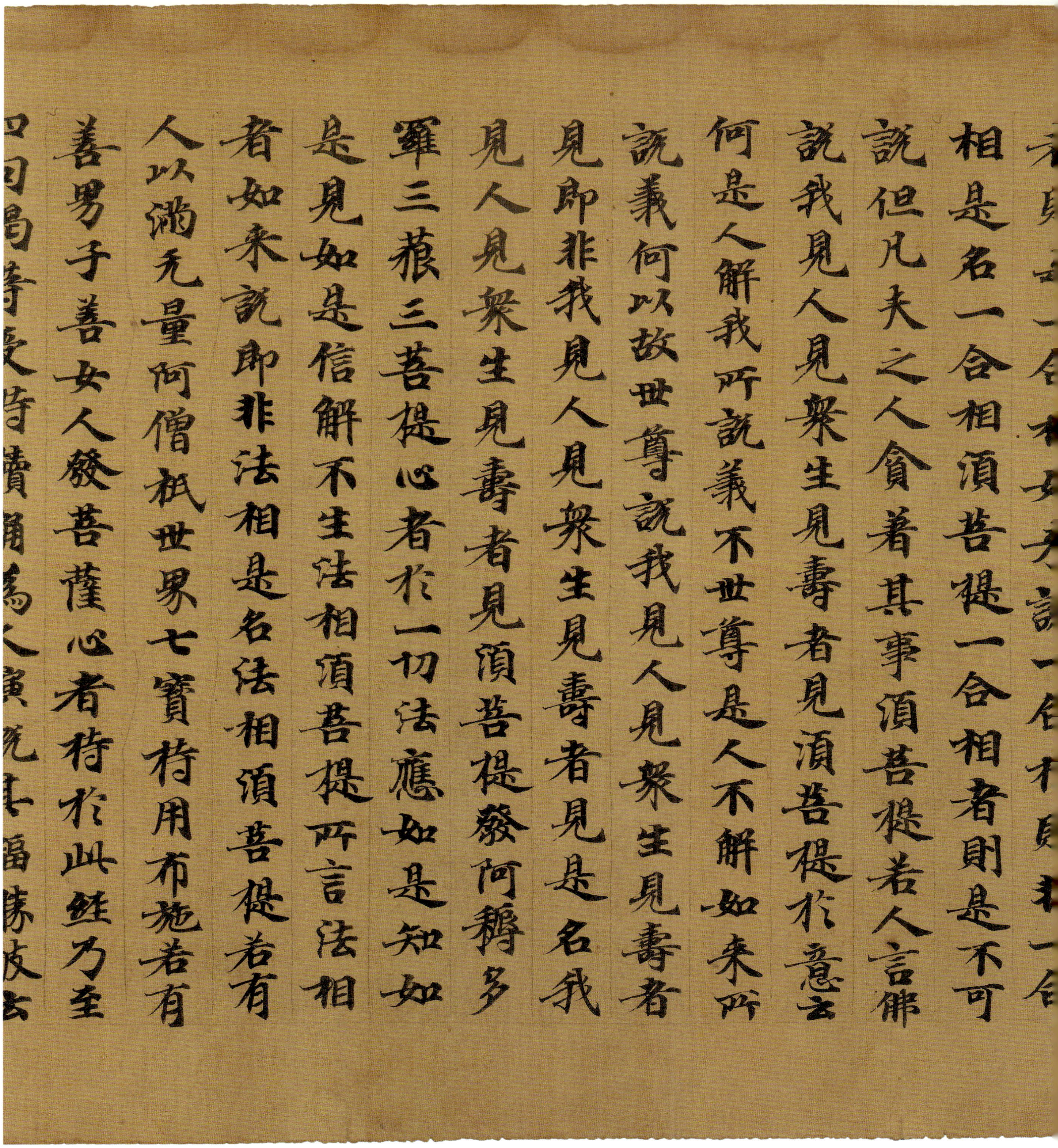

者則是一合相如來說一合相則非一合
相是名一合相須菩提一合相者則是不可
說但凡夫之人貪著其事須菩提若人言佛
說我見人見衆生見壽者見須菩提於意云
何是人解我所說義不世尊是人不解如來所
說義何以故世尊說我見人見衆生見壽者
見即非我見人見衆生見壽者見是名我
見人見衆生見壽者見須菩提發阿耨多
羅三藐三菩提心者於一切法應如是知如
是見如是信解不生法相須菩提所言法相
者如來說即非法相是名法相須菩提若有
人以滿无量阿僧祇世界七寶持用布施若有
善男子善女人發菩薩心者持於此經乃至
四句偈等受持讀誦為人演說其福勝彼云

BD00079　金剛般若波羅蜜經

善男子善女人發菩薩心者持於此經乃至
四句偈等受持讀誦為人演說其福勝彼云
何為人演說不取於相如如不動何以故
一切有為法 如夢幻泡影 如露亦如電 應作如是觀
佛說是經已長老須菩提及諸比丘比丘尼
優婆塞優婆夷一切世間天人阿脩羅聞佛
所說皆大歡喜信受奉行

金剛般若波羅蜜經

BD00080

妙法蓮華經卷五

（後秦）鳩摩羅什 譯

1110.3cm × 25cm

親近
盡勿親近
……女說法若說法時无得戲笑
入里乞食將一比丘若无比丘一心念佛
是則名為行處近處以此二處能安樂說
又復不行上中下法有為无為實不實法
亦不分別是男是女不得諸法不知不見
是則名為菩薩行處一切諸法空无所有
无有常住亦无起滅是名智者所親近處
顛倒分別諸法有无是實非實是生非生
在於閑處脩攝其心安住不動如須弥山
觀一切法皆无所有猶如虛空无有堅固

若有比丘　於我滅後　入是行處　及親近處
說斯經時　无有怯弱　菩薩有時　入於靜室
以正憶念　隨義觀法　從禪定起　為諸國王
王子臣民　婆羅門等　開化演暢　說斯經典
其心安隱　无有怯弱　文殊師利　是名菩薩
安住初法　能於後世　說法華經
又文殊師利如來滅後於末法中欲說是經
應住安樂行若口宣說若讀經時不樂說人
及經典過亦不輕慢諸餘法師不說他人好
惡長短於聲聞人亦不稱名說其過惡亦不
稱名讚歎其美又亦不生怨嫌之心善脩如是
安樂心故諸有聽者不逆其意有所難問

稱名讚歎其美又亦不生怨嫌之心善修如是
安樂心故諸有聽者不逆其意有所難問
不以小乘法荅但以大乘而為解說令得一
切種智尒時世尊欲重宣此義而說偈言
菩薩常樂 安隱說法 於清淨地 而施床座
以油塗身 澡浴塵穢 著新淨衣 內外俱淨
安處法座 隨問為說 若有比丘 及比丘尼
諸優婆塞 及優婆夷 國王王子 群臣士民
以微妙義 和顏為說 若有難問 隨義而荅
因緣譬喻 敷演分別 以是方便 皆使發心
漸漸增益 入於佛道 除嬾惰意 及懈怠想
離諸憂惱 慈心說法 晝夜常說 无上道教
以諸因緣 无量譬喻 開示眾生 咸令歡喜

但一心念　說法因緣　願成佛道　令衆亦尒
是則大利　安樂供養　我滅度後　若有比丘
能演說斯　妙法華經　心无嫉恚　諸惱障礙
亦无憂愁　及罵詈者　又无怖畏　加刀杖等
亦无擯出　安住忍故　智者如是　善脩其心
能住安樂　如我上說　其人功德　千万億劫
筭數譬喻　說不能盡
又文殊師利菩薩摩訶薩於後末世法欲滅
時受持讀誦斯經典者无懷嫉妬諂誑之心
亦勿輕罵學佛道者求其長短若比丘比丘
尼優婆塞優婆夷求聲聞者求辟支佛者求
菩薩道者无得惱之令其疑悔語其人言汝

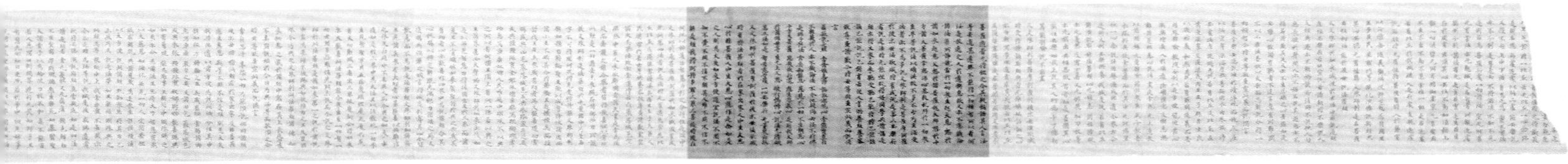

菩薩道者无得惱之令其疑悔語其人言汝
等去道甚遠終不能得一切種智所以者何
汝是放逸之人於道懈怠故又亦不應戲論
諸法有所諍競當於一切衆生起大悲想於
諸如來起慈父想於諸菩薩起大師想於十
方諸大菩薩常應深心恭敬礼拜於一切衆
生平等說法以順法故不多不少乃至深愛
法者亦不為多說文殊師利是菩薩摩訶薩
於後末世法欲滅時有成就是第三安樂行
者說是法時无能惱亂得好同學共讀誦是
經亦得大衆而來聽受聽已能持持已能誦
誦已能說說已能書若使人書供養經卷恭
敬尊重讃歎尒時世尊欲重宣此義而說偈

若欲說是經　當捨嫉恚慢　諂誑邪偽心　常脩質直行
不輕蔑於人　亦不戲論法　不令他疑悔　云汝不得佛
是佛子說法　常柔和能忍　慈悲於一切　不生懈怠心
十方大菩薩　愍衆故行道　應生恭敬心　是則我大師
於諸佛世尊　生无上父想　破於憍慢心　說法无障礙
第三法如是　智者應守護　一心安樂行　无量衆所敬
又文殊師利菩薩摩訶薩於後末世法欲滅
時有持法華經者於在家出家人中生大慈
心於非菩薩人中生大悲心應作是念如是
之人則為大失如來方便隨宜說法不聞不
知不覺不問不信不解其人雖不問不信不
解是經我得阿耨多羅三藐三菩提時隨在

解是經我得阿耨多羅三藐三菩提時隨在
何地以神通力智慧力引之令得住是法中
文殊師利是菩薩摩訶薩於如來滅後有成
就此第四法者說是法時无有過失常為比
丘比丘尼優婆塞優婆夷國王王子大臣人
民婆羅門居士等供養恭敬尊重讚歎虛空
諸天為聽法故亦常隨侍若在聚落城邑空
閑林中有人來欲難問者諸天晝夜常為法
故而衛護之能令聽者皆得歡喜所以者何
此經是一切過去未來現在諸佛神力所護
故文殊師利是法華經於无量國中乃至名
字不可得聞何況得見受持讀誦文殊師利
譬如強力轉輪聖王欲以威勢降伏諸國而

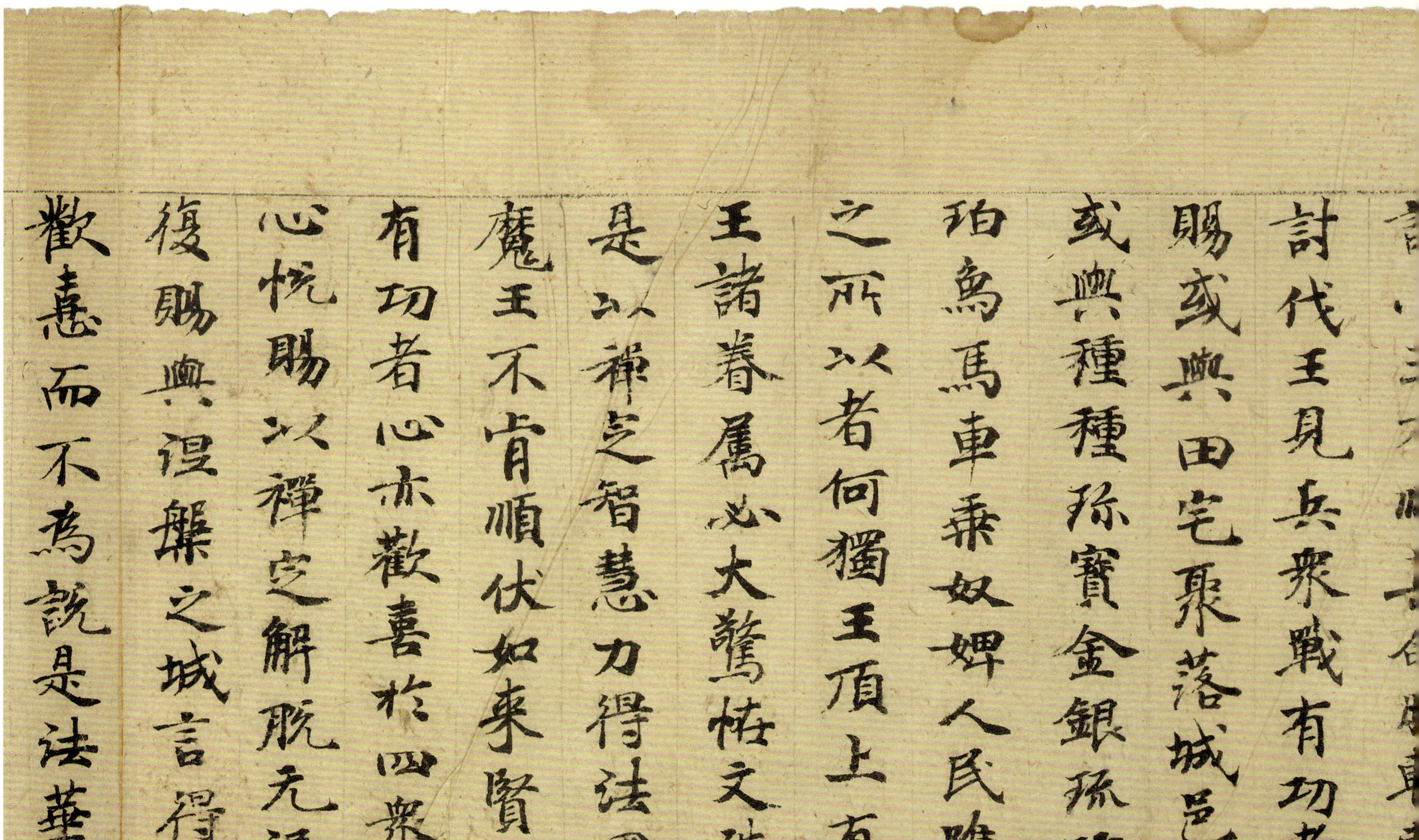

討伐王見兵衆戰有功者即大歡喜隨功賞
賜或與田宅聚落城邑或與衣服嚴身之具
或與種種珍寶金銀琉璃車璖馬瑙珊瑚虎
珀象馬車乘奴婢人民唯髻中明珠不以與
之所以者何獨王頂上有此一珠若以與之
王諸眷屬必大驚恠文殊師利如來亦復如
是以禪定智慧力得法國土王於三界而諸
魔王不肯順伏如來賢聖諸将與之共戰其
有功者心亦歡喜於四衆中為說諸經令其
心悅賜以禪定解脫无漏根力諸法之財又
復賜與涅槃之城言得滅度引導其心令皆
歡喜而不為說是法華經文殊師利如轉輪

BD00080　妙法蓮華經卷五

歡喜而不為說是法華經文殊師利如轉輪
王見諸兵衆有大功者心甚歡喜以此難信
之珠久在髻中不妄與人而今與之如來亦
復如是於三界中為大法王以法教化一切衆
生見賢聖軍與五陰魔煩惱魔死魔共戰
有大功勳滅三毒出三界破魔網尒時如來
亦大歡喜此法華經能令衆生至一切智一
切世間多怨難信先所未說而今說之文殊
師利此法華經是諸如來第一之說於諸說
中最為甚深末後賜與如彼強力之王久護明
珠今乃與之文殊師利此法華經諸佛如
來秘密之藏於諸經中最在其上長夜守護
不妄宣說始於今日乃與汝等而敷演之尒

常行忍辱　哀愍一切　乃能演說　佛所讚經
後末世時　持此經者　於家出家　及非菩薩
應生慈悲　斯等不聞　不信是經　則為大失
我得佛道　以諸方便　為說此法　令住其中
譬如強力　轉輪之王　兵戰有功　賞賜諸物
象馬車乘　嚴身之具　及諸田宅　聚落城邑
或與衣服　種種珎寶　奴婢財物　歡喜賜與
如有勇健　能為難事　王解髻中　明珠賜之
如來亦尒　為諸法王　忍辱大力　智慧寶藏
以大慈悲　如法化世　見一切人　受諸苦惱
欲求解脫　與諸魔戰　為是衆生　說種種法
以大方便　說此諸經　既知衆生　得其力已
末後乃為　說是法華　如王解髻　明珠與之

BD00080　妙法蓮華經卷五

以大方便　說此諸經　既知衆生　得其力已
末後乃為　說是法華　如王解髻　明珠與之
此經為尊　衆經中上　我常守護　不妄開示
今正是時　為汝等說　我滅度後　求佛道者
欲得安隱　演說斯經　應當親近　如是四法
讀是經者　常无憂惱　又无病痛　顏色鮮白
不生貧窮　卑賤醜陋　衆生樂見　如慕賢聖
天諸童子　以為給使　刀杖不加　毒不能害
若人惡罵　口則閉塞　遊行无畏　如師子王
智慧光明　如日之照　若於夢中　但見妙事
見諸如來　坐師子座　諸比丘衆　圍繞說法
又見龍神　阿脩羅等　數如恒沙　恭敬合掌

放无量光 照於一切 以梵音聲 演說諸法
佛為四衆 說无上法 見身處中 合掌讚佛
聞法歡喜 而為供養 得陁羅尼 證不退智
佛知其心 深入佛道 即為授記 成㝡正覺
汝善男子 當於来世 得无量智 佛之大道
國土嚴淨 廣大无比 亦有四衆 合掌聽法
又見自身 在山林中 脩習善法 證諸實相
深入禪定 見十方佛
諸佛身金色 百福相莊嚴 聞法為人說 常有是好夢
又夢作國王 捨宮殿眷屬 及上妙五欲 行詣於道場
在菩提樹下 而處師子座 求道過七日 得諸佛之智
成无上道已 起而轉法輪 為四衆說法 經千万億劫

[illegible]
成无上道已　起而轉法輪　為四衆說法　經千万億劫
說无漏妙法　度无量衆生　後當入涅槃　如烟盡燈滅
若後惡世中　說是第一法　是人得大利　如上諸功德

妙法蓮華經從地踊出品第十五

尒時他方國土諸來菩薩摩訶薩過八恒河
沙數於大衆中起合掌作礼而白佛言世尊
若聽我等於佛滅後在此娑婆世界勤加精
進護持讀誦書寫供養是經典者當於此土
而廣說之尒時佛告諸菩薩摩訶薩衆止善
男子不須汝等護持此經所以者何我娑婆
世界自有六万恒河沙等菩薩摩訶薩一一
菩薩各有六万恒河沙眷屬是諸人等能於

我滅後護持讀誦廣說此經佛說是時娑
世界三千大千國土地皆震裂而於其中有
无量千万億菩薩摩訶薩同時踊出是諸菩
薩身皆金色三十二相无量光明先盡在此
娑婆世界之下此界虛空中住是諸菩薩聞
釋迦牟尼佛所說音聲從下發來一一菩薩
皆是大眾唱導之首各將六万恒河沙眷屬
況將五万四万三万二万一万恒河沙等眷
屬者況復乃至一恒河沙半恒河沙四分之
一乃至千万億那由他分之一況復千万億
那由他眷屬況復億万眷屬況復千万百万
乃至一万況復一千一百乃至一十況復將五

乃至一万況復一千一百乃至一十況復將五
四三二一弟子者況復單己樂遠離行如
是等比无量无邊算數譬喻所不能知是諸
菩薩從地出已各詣虛空七寶妙塔多寶如
來釋迦牟尼佛所到已向二世尊頭面礼足
及至諸寶樹下師子座上佛所亦皆作礼右
繞三帀合掌恭敬以諸菩薩種種讚法而以
讚歎住在一面欣樂瞻仰於二世尊是諸菩
薩摩訶薩從初踊出以諸菩薩種種讚法而
讚於佛如是時間經五十小劫是時釋迦
牟尼佛嘿然而坐及諸四衆亦皆嘿然五
十小劫佛神力故令諸大衆謂如半日尒時四衆

上行二名元邊行三名淨行四名安立行是四
菩薩於其衆中㝡為上首唱導之師在大
衆前各共合掌觀釋迦牟尼佛而問訊言世尊
少病少惱安樂行不所應度者受教易不不
令世尊生疲勞耶尒時四大菩薩而說偈言
世尊安樂　少病少惱　教化衆生　得无疲惓
又諸衆生　受化易不　不令世尊　生疲勞耶
尒時世尊於菩薩大衆中而作是言如是如
是諸善男子如來安樂少病少惱諸衆生等
易可化度无有疲勞所以者何是諸衆生世
世已來常受我化亦於過去諸佛供養尊重
種諸善根此諸衆生始見我身聞我所說即

種諸善根此諸衆生始見我身聞我所說即
皆信受入如来慧除先脩習學小乘者如是
之人我今亦令得聞是經入於佛慧尒時諸
大菩薩而說偈言
善哉善哉　大雄世尊　諸衆生等　易可化度
能問諸佛　甚深智慧　聞已信行　我等隨喜
於時世尊讚歎上首諸大菩薩善哉善哉善
男子汝等能於如来發隨喜心尒時弥勒菩
薩及八千恒河沙諸菩薩衆皆作是念我等
從昔已来不見不聞如是大菩薩摩訶薩衆
從地踊出住世尊前合掌供養問訊如来時
弥勒菩薩摩訶薩知八千恒河沙諸菩薩等
心之所念并欲自決所疑合掌向佛以偈問曰

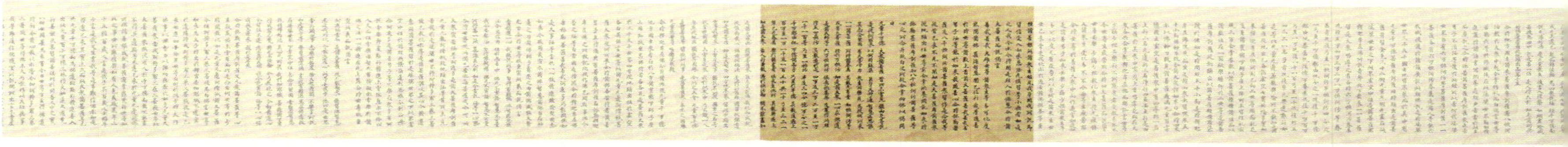

无量千万億　大衆諸菩薩　昔所未曾見　願兩足尊説
是從何所來　以何因緣集　巨身大神通　智慧叵思議
其志念堅固　有大忍辱力　衆生所樂見　為從何所来
一一諸菩薩　所將諸眷屬　其數无有量　如恒河沙等
或有大菩薩　將六万恒沙　如是諸大衆　一心求佛道
是諸大師等　六万恒河沙　俱來供養佛　及護持此經
將五万恒沙　其數過於是　四万及三万　二万至一万
一千一百等　乃至一恒沙　半及三四分　億万分之一
千万那由他　万億諸弟子　乃至於半億　其數復過上
百万至一万　一千及一百　五十與一十　乃至三二一
單己无眷屬　樂於獨處者　俱來至佛所　其數轉過上
如是諸大衆　若人行籌數　過於恒沙劫　猶不能盡知

如是諸大衆　若人行籌數　過於恒沙劫　猶不能盡知
是諸大威德　精進菩薩衆　誰為其說法　教化而成就
從誰初發心　稱揚何佛法　受持行誰經　脩習何佛道
如是諸菩薩　神通大智力　四方地震裂　皆從中踊出
世尊我昔來　未曾見是事　願說其所從　國土之名号
我常遊諸國　未曾見是衆　我於此衆中　乃不識一人
忽然從地出　願說其因緣　今此之大會　无量百千億
是諸菩薩等　皆欲知此事　是諸菩薩衆　本末之因緣
无量德世尊　唯願決衆疑
尒時釋迦牟尼佛分身諸佛從无量千万億
他方國土來者在於八方諸寶樹下師子座

於三千大千世界四方從地踊出住於虛空
各白其佛言世尊此諸无量无邊阿僧祇菩
薩大衆從何所來尒時諸佛各告侍者諸善
男子且待須臾有菩薩摩訶薩名弥勒釋迦
牟尼佛之所授記次後作佛已問斯事佛今
荅之汝等自當因是得聞尒時釋迦牟尼佛
告弥勒菩薩善哉善哉阿逸多乃能問佛如
是大事汝等當共一心被精進鎧發堅固意
如來今欲顯發宣示諸佛智慧諸佛自在神
通之力諸佛師子奮迅之力諸佛威猛大勢
之力尒時世尊欲重宣此義而說偈言
當精進一心　我欲說此事　勿得有疑悔　佛智叵思議
汝今出信力　住於忍善中　昔所未聞法　今皆當得聞

當精進一心 我欲説此事 勿得有疑悔 佛智叵思議
汝今出信力 住於忍善中 佛无不實語 智慧不可量
我今安慰汝 勿得懷疑懼 佛无不實語 智慧不可量
所得第一法 甚深叵分別 如是今當説 汝等一心聽
尒時世尊説此偈已告弥勒菩薩我今於此
大衆宣告汝等阿逸多是諸大菩薩摩訶薩
无量无數阿僧祇從地踊出汝等昔所未見
者我於是娑婆世界得阿耨多羅三藐三菩
提已教化示導是諸菩薩調伏其心令發道
意此諸菩薩皆於是娑婆世界之下此界虚
空中住於諸經典讀誦通利思惟分別正憶
念阿逸多是諸善男子等不樂在衆多有所

佛之法一心精進求无上慧尒時世尊欲重
宣此義而說偈言
阿逸汝當知　是諸大菩薩　從无數劫來　脩習佛智慧
悉是我所化　令發大道心　此等是我子　依止是世界
常行頭陀事　志樂於靜處　捨大衆憒閙　不樂多所說
如是諸子等　學習我道法　晝夜常精進　為求佛道故
在娑婆世界　下方空中住　志念力堅固　常勤求智慧
說種種妙法　其心无所畏　我於伽耶城　菩提樹下坐
得成最正覺　轉无上法輪　尒乃教化之　令初發道心
今皆住不退　悉當得成佛　我今說實語　汝等一心信
我從久遠來　教化是等衆
尒時弥勒菩薩摩訶薩及无數諸菩薩等心

BD00080　妙法蓮華經卷五

我從久遠來　教化是等衆
尒時弥勒菩薩摩訶薩及无數諸菩薩等心
生疑惑怪未曾有而作是念云何世尊於少
時間教化如是无量无邊阿僧祇諸大菩薩
令住阿耨多羅三藐三菩提即白佛言世尊
如来為太子時出於釋宮去伽耶城不遠坐
於道場得成阿耨多羅三藐三菩提從是已
来始過四十餘年世尊云何於此少時大作
佛事以佛勢力以佛功德教化如是无量大
菩薩衆當成阿耨多羅三藐三菩提世尊此
大菩薩衆假使有人於千万億劫數不能盡
不得其邊斯等久遠已来於无量无邊諸佛
所植諸善根成就菩薩道常脩梵行世尊如

十五栢百歲人言是我子其百歲人亦栢年
少言是我父生育我等是事難信佛亦如是
得道已來其實未久而此大衆諸菩薩等已
於无量千万億劫為佛道故勤行精進善入
出住无量百千万億三昧得大神通久脩梵
行善能次第習諸善法巧於問荅人中之寶
一切世間甚為希有今日世尊方云得佛道
時初令發心教化示導令向阿耨多羅三藐
三菩提世尊得佛未久乃能作此大功德事
我等雖復信佛隨宜所說佛所出言未曾虛
妄佛所知者皆悉通達然諸新發意菩薩於
佛滅後若聞是語或不信受而起破法罪業

佛滅後若聞是語或不信受而起破法罪業
因緣唯然世尊願為解說除我等疑及未來
世諸善男子聞此事已亦不生疑尒時彌勒
菩薩欲重宣此義而說偈言
佛昔從釋種　出家近伽耶　坐於菩提樹　尒來尚未久
此諸佛子等　其數不可量　久已行佛道　住神通智力
善學菩薩道　不染世間法　如蓮華在水　從地而踊出
皆起恭敬心　住於世尊前　是事難思議　云何而可信
佛得道甚近　所成就甚多　願為除衆疑　如實分別說
譬如少壯人　年始二十五　示人百歲子　髮白而面皺
是等我所生　子亦說是父　父少而子老　舉世所不信
世尊亦如是　得道來甚近　是諸菩薩等　志固无怯弱

忍辱心決定　端正有威德　十方佛所讚　善能分別說

不樂在人衆　常好在禪定　爲求佛道故　於下空中住

我等從佛聞　於此事无疑　願佛爲未來　演說令開解

若有於此經　生疑不信者　即當墮惡道　願今爲解說

是无量菩薩　云何於少時　教化令發心　而住不退地

妙法蓮華經如來壽量品第十六

尒時佛告諸菩薩及一切大衆諸善男子汝

等當信解如來誠諦之語復告大衆汝等當

信解如來誠諦之語又復告諸大衆汝等當

信解如來誠諦之語是時菩薩大衆弥勒爲

首合掌白佛言世尊唯願說之我等當信受

佛語如是三白已復言唯願說之我等當信

受佛語尒時世尊知諸菩薩三請不止而告

受佛語尒時世尊知諸菩薩三請不止而告
之言汝等諦聽如來秘密神通之力一切世
間天人及阿脩羅皆謂今釋迦牟尼佛出釋
氏宮去伽耶城不遠坐於道場得阿耨多羅
三藐三菩提然善男子我實成佛已來无量
无邊百千万億那由他劫譬如五百千万億
那由他阿僧祇三千大千世界假使有人抹
為微塵過於東方五百千万億那由他阿僧
祇國乃下一塵如是東行盡是微塵諸善男
子於意云何是諸世界可得思惟校計知其
數不彌勒菩薩等俱白佛言世尊是諸世界
无量无邊非筭數所知亦非心力所及一切

我等住阿惟越致地於是事中亦所不達世
尊如是諸世界无量无邊尒時佛告大菩薩
衆諸善男子今當分明宣語汝等是諸世界
若著微塵及不著者盡以為塵一塵一劫我
成佛已来復過於此百千万億那由他阿僧
祇劫自從是来我常在此娑婆世界說法教
化亦於餘處百千万億那由他阿僧祇國導
利衆生諸善男子於是中間我說然燈佛等
又復言其入於涅槃如是皆以方便分別諸
善男子若有衆生来至我所我以佛眼觀其
信等諸根利鈍隨所應度處處自說名字不
同年紀大小亦復現言當入涅槃又以種種
方便說微妙法能令衆生發歡喜心諸善男
子如來見諸衆生樂於小法德薄垢重者為

方便說微妙法能令衆生發歡喜心諸善男
子如来見諸衆生樂於小法德薄垢重者為
是人說我少出家得阿耨多羅三藐三菩提
然我實成佛已来久遠若斯但以方便教化
衆生令入佛道作如是說諸善男子如来所
演經典皆為度脫衆生或說己身或說他身
或示己身或示他身或示己事或示他事諸
所言說皆實不虛所以者何如来如實知見
三界之相无有生死若退若出亦无在世及
滅度者非實非虛非如非異不如三界見於
三界如斯之事如来明見无有錯謬以諸衆
生有種種性種種欲種種行種種憶想分別
故欲令生諸善根以若干因緣譬喻言辭種

稱計所作佛事未曾暫廢如是我成佛已
来甚大久遠壽命无量阿僧祇劫常住不滅
諸善男子我本行菩薩道所成壽命今猶未
盡復倍上數然今非實滅度而便唱言當取
滅度如来以是方便教化衆生所以者何若
佛久住於世薄德之人不種善根貧窮下賤
貪著五欲入於憶想妄見網中若見如来常
在不滅便起憍恣而懷猒怠不能生難遭之
想恭敬之心是故如来以方便說比丘當知
諸佛出世難可值遇所以者何諸薄德人過
无量百千万億劫或有見佛或不見者以此
事故我作是言諸比丘如来難可得見斯衆
生等聞如是語必當生於難遭之想心懷戀

生等聞如是語必當生於難遭之想心懷戀
慕渴仰於佛便種善根是故如來雖不實滅
而言滅度又善男子諸佛如來法皆如是為
度衆生皆實不虛譬如良醫智慧聦達明練
方藥善治衆病其人多諸子息若十二十乃
至百數以有事緣遠至餘國諸子於後飲他
毒藥藥發悶亂宛轉于地是時其父還來歸
家諸子飲毒或失本心或不失者遥見其父
皆大歡喜拜跪問訊善安隱歸我等愚癡誤
服毒藥願見救療更賜壽命父見子等苦惱
如是依諸經方求好藥草色香美味皆悉具
足擣篩和合與子令服而作是言此大良藥

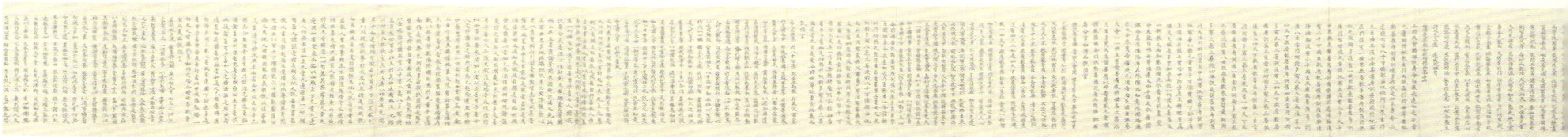

俱好即便服之病盡除愈餘失心者見其父
来雖亦歡喜問訊求索治病然與其藥而不
肯服所以者何毒氣深入失本心故於此好
色香藥而謂不美父作是念此子可愍為毒
所中心皆顛倒雖見我喜求索救療如是好
藥而不肯服我今當設方便令服此藥即作
是言汝等當知我今衰老死時已至是好良
藥今留在此汝可取服勿憂不差作是教已
復至他國遣使還告汝父已死是時諸子聞
父背喪心大憂惱而作是念若父在者慈愍
我等能見救護今者捨我遠喪他國自惟孤
露无復恃怙常懷悲感心遂醒悟乃知此藥

露无復恃怙常懷悲感心遂醒悟乃知此藥
色味香美即取服之毒病皆愈其父聞子悉
已得差尋便來歸咸使見之諸善男子於意
云何頗有人能說此良醫虛妄罪不不也世
尊佛言我亦如是成佛已來无量无邊百千
万億那由他阿僧祇劫為衆生故以方便力
言當滅度亦无有能如法說我虛妄過者尒
時世尊欲重宣此義而說偈言
自我得佛來　所經諸劫數　无量百千万　億載阿僧祇
常說法教化　无數億衆生　令入於佛道　尒來无量劫
為度衆生故　方便現涅槃　而實不滅度　常住此說法
我常住於此　以諸神通力　令顛倒衆生　雖近而不見
衆見我滅度　廣供養舍利　咸皆懷戀慕　而生渴仰心

衆生既信伏　質直意柔軟　一心欲見佛　不自惜身命

時我及衆僧　俱出靈鷲山　我時語衆生　常在此不滅

以方便力故　現有滅不滅　餘國有衆生　恭敬信樂者

我復於彼中　為說无上法　汝等不聞此　但謂我滅度

我見諸衆生　沒在於苦惱　故不為現身　令其生渴仰

因其心戀慕　乃出為說法　神通力如是　於阿僧祇劫

常在靈鷲山　及餘諸住處　衆生見劫盡　大火所燒時

我此土安隱　天人常充滿　園林諸堂閣　種種寶莊嚴

寶樹多華菓　衆生所遊樂　諸天擊天鼓　常作衆伎樂

雨曼陁羅華　散佛及大衆　我淨土不毀　而衆見燒盡

憂怖諸苦惱　如是悉充滿　是諸罪衆生　以惡業因緣

過阿僧祇劫　不聞三寶名　諸有修功德　柔和質直者

過阿僧祇劫　不聞三寶名　諸有脩功德　柔和質直者
則皆見我身　在此而說法　或時為此衆　說佛壽无量
久乃見佛者　為說佛難值　我智力如是　慧光照无量
壽命无數劫　久脩業所得　汝等有智者　勿於此生疑
當斷令永盡　佛語實不虛　如醫善方便　為治狂子故
實在而言死　无能說虛妄　我亦為世父　救諸苦患者
為凡夫顛倒　實在而言滅　以常見我故　而生憍恣心
放逸著五欲　墮於惡道中　我常知衆生　行道不行道
隨應所可度　為說種種法　每自作是意　以何令衆生
得入无上道　速成就佛身

妙法蓮華經分別功德品第十七

尒時大會聞佛說壽命劫數長遠如是　无量

勒菩薩摩訶薩阿逸多我說是如來壽命長
遠時六百八十万億那由他恒河沙衆生得
无生法忍復千倍菩薩摩訶薩得聞持陀羅
尼門復有一世界微塵數菩薩摩訶薩得樂
說无礙辯才復有一世界微塵數菩薩摩訶
薩得百万億无量旋陀羅尼復有三千大千
世界微塵數菩薩摩訶薩能轉不退法輪復
有二千中國土微塵數菩薩摩訶薩能轉清
淨法輪復有小千國土微塵數菩薩摩訶
薩八生當得阿耨多羅三藐三菩提復有四
四天下微塵數菩薩摩訶薩四生當得阿耨
多羅三藐三菩提復有三四天下微塵數菩
薩摩訶薩三生當得阿耨多羅三藐三菩提

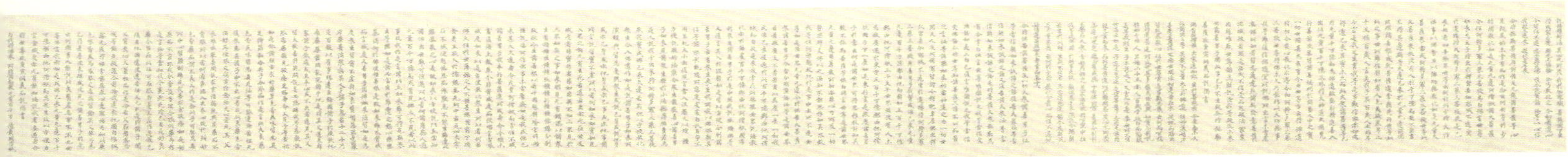

薩摩訶薩三生當得阿耨多羅三藐三菩提
復有二四天下微塵數菩薩摩訶薩二生當
得阿耨多羅三藐三菩提復有一四天下微
塵數菩薩摩訶薩一生當得阿耨多羅三藐
三藐提復有八世界微塵數衆生皆發阿耨
多羅三藐三菩提心佛說是諸菩薩摩訶薩
得大法利時於虛空中雨曼陀羅華摩訶曼
陀羅華以散无量百千万億寶樹下師子座
上諸佛并散七寶塔中師子座上釋迦牟尼
佛及久滅度多寶如來亦散一切諸大菩薩及
四部衆又雨細末栴檀沉水香等於虛空
中天鼓自鳴妙聲深遠又雨千種天衣垂諸
瓔珞真珠瓔珞摩尼珠瓔珞如意珠瓔珞遍

於九方衆寶香爐燒无價香自然周至供養
大會一一佛上有諸菩薩執持幡蓋次第而
上至于梵天是諸菩薩以妙音聲歌无量頌
讚歎諸佛尒時弥勒菩薩從座而起偏袒右
肩合掌向佛而說偈言

佛說希有法　昔所未曾聞　世尊有大力　壽命不可量
无數諸佛子　聞世尊分別　說得法利者　歡喜充遍身
或住不退地　或得陁羅尼　或无礙樂說　万億旋揔持
或有大千界　微塵數菩薩　各各皆能轉　不退之法輪
或有中千界　微塵數菩薩　各各皆能轉　清淨之法輪
復有小千界　微塵數菩薩　餘各八生在　當得成佛道
復有四三二　如是四天下　微塵諸菩薩　隨數生成佛
或一四天下　微塵數菩薩　餘有一生在　當成一切智

或一四天下微塵數菩薩　餘有一生在　當成一切智
如是等衆生　聞佛壽長遠　得无量无漏　清淨之果報
複有八世界　微塵數衆生　聞佛説壽命　皆發无上心
世尊説无量　不可思議法　多有所饒益　如虛空无邊
雨天曼陁羅　摩訶曼陁羅　釋梵如恒沙　无數佛土來
雨栴檀沉水　繽紛而亂墜　如鳥飛空下　供散於諸佛
天鼓虛空中　自然出妙聲　天衣千万種　旋轉而來下
衆寶妙香爐　燒无價之香　自然悉周遍　供養諸世尊
其大菩薩衆　執七寶幡蓋　高妙万億種　次第至梵天
一一諸佛前　寶幢懸勝幡　亦以千万偈　歌詠諸如來
如是種種事　昔所未曾有　聞佛壽无量　一切皆歡喜
佛名聞十方　廣饒益衆生　一切具善根　以助无上心
尒時佛告弥勒菩薩摩訶薩阿逸多其有衆
生聞佛壽命長遠如是乃至能生一念信解

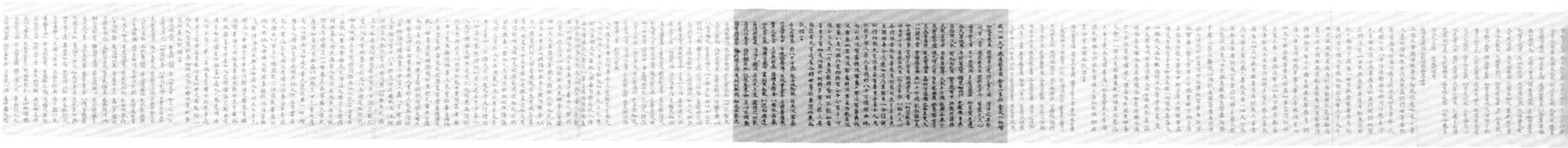

阿耨多羅三藐三菩提故於八十万億那由他
劫行五波羅蜜檀波羅蜜尸羅波羅蜜羼提
波羅蜜毗梨耶波羅蜜禪波羅蜜除般若波
羅蜜以是功德比前功德百分千分百千万
億分不及其一乃至筭數譬喻所不能知若
善男子有如是功德於阿耨多羅三藐三菩
提退者无有是處尒時世尊欲重宣此義而
說偈言

若人求佛慧　於八十万億　那由他劫數　行五波羅蜜
於是諸劫中　布施供養佛　及緣覺弟子　并諸菩薩衆
珍異之飲食　上服與卧具　栴檀立精舍　以園林莊嚴
如是等布施　種種皆微妙　盡此諸劫數　以迴向佛道
若復持禁戒　清淨无缺漏　求於无上道　諸佛之所歎
若復行忍辱　住於調柔地　設衆惡來加　其心不傾動
諸有得法者　懷於增上慢　為此所輕惱　如是亦能忍

諸有得法者　懷於增上慢　為此所輕惱　如是亦能忍
若復勤精進　志念常堅固　於无量億劫　一心不懈息
又於无數劫　住於空閑處　若坐若經行　除睡常攝心
以是因緣故　能生諸禪定　八十億万劫　安住心不亂
持此一心福　願求无上道　我得一切智　盡諸禪定際
是人於百千　万億劫數中　行此諸功德　如上之所說
有善男女等　聞我說壽命　乃至一念信　其福過於彼
若人悉无有　一切諸疑悔　深心須臾信　其福為如此
其有諸菩薩　无量劫行道　聞我說壽命　是則能信受
如是諸人等　頂受此經典　願我於未來　長壽度衆生
如今日世尊　諸釋中之王　道場師子吼　說法无所畏
我等未來世　一切所尊敬　坐於道場時　說壽亦如是
若有深心者　清淨而質直　多聞能捴持　隨義解佛語
如是諸人等　於此无有疑

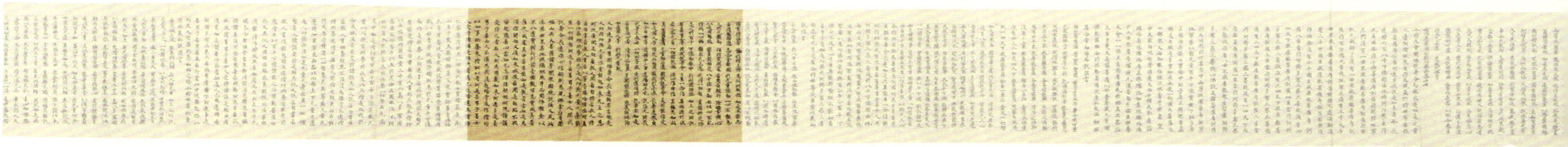

何況廣聞是經若教人聞若自持若教人持
若自書若教人書若以華香瓔珞幢幡繒蓋
香油蘇燈供養經卷是人功德无量无邊能
生一切種智阿逸多若善男子善女人聞我
說壽命長遠深心信解則為見佛常在耆闍
崛山共大菩薩諸聲聞衆圍繞說法又見此
娑婆世界其地琉璃坦然平正閻浮檀金以
界八道寶樹行列諸臺樓觀皆悉寶成其菩
薩衆咸處其中若有能如是觀者當知是為
深信解相又復如來滅後若聞是經而不毀
呰起隨喜心當知已為深信解相何況讀誦
受持之者斯人則為頂戴如來阿逸多是善
男子善女人不須為我復起塔寺及作僧坊
以四事供養衆僧所以者何是善男子善女
人受持讀誦是經典者為已起塔造立僧坊

以四事供養衆僧所以者何是善男子善女
人受持讀誦是經典者爲已起塔造立僧坊
供養衆僧則爲以佛舍利起七寶塔高廣漸
小至于梵天懸諸幡蓋及衆寶鈴華香瓔珞
末香塗香燒香衆鼓伎樂簫笛箜篌種種儛
戲以妙音聲歌唄讚頌則爲於无量千万億
劫作是供養已阿逸多若我滅後聞是經典
有能受持若自書若教人書則爲起立僧坊
以赤栴檀作諸殿堂三十有二高八多羅樹
高廣嚴好百千比丘於其中止園林浴池經
行禪窟衣服飲食牀褥湯藥一切樂具充滿
其中如是僧坊堂閣若干百千万億其數无
量以此現前供養於我及比丘僧是故我說
如來滅後若有受持讀誦

坊供養衆僧况復有人能持是經兼行布施
持戒忍辱精進一心智慧其德冣勝无量无
邊譬如虚空東西南北四維上下无量无邊
是人功德亦復如是无量无邊疾至一切種
智若人讀誦受持是經為他人說若自書若
教人書復能起塔及造僧坊供養讚歎聲聞
衆僧亦以百千万億讚歎之法讚歎菩薩功
德又為他人種種因緣随義解說此法華經
復能清淨持戒與柔和者而共同止忍辱无
瞋志念堅固常貴坐禪得諸深定精進勇猛
攝諸善法利根智慧善荅問難阿逸多若我
滅後諸善男子善女人受持讀誦是經典者
復有如是諸善功德當知是人已趣道場近

度後諸善男子善女人受持讀誦是經典者
復有如是諸善功德當知是人已趣道場近
阿耨多羅三藐三菩提坐道樹下阿逸多是
善男子若坐若立若行處此中便應起塔一
切天人皆應供養如佛之塔尒時世尊欲重
宣此義而說偈言

若我滅度後　能奉持此經　斯人福无量　如上之所說
是則為具足　一切諸供養　以舍利起塔　七寶而莊嚴
表剎甚高廣　漸小至梵天　寶鈴千万億　風動出妙音
又於无量劫　而供養此塔　華香諸瓔珞　天衣眾伎樂
燃香油蘇燈　周帀常照明　惡世法末時　能持是經者
則為已如上　具足諸供養　若能持此經　則如佛現在
以牛頭栴檀　起僧坊供養　堂有三十二　高八多羅樹
上饌妙衣服　床臥皆具足　百千眾住處　園林諸流池
經行及禪窟　種種皆嚴好　若有信解心　受持讀誦書

若復教人書　亦供養經卷　散華香末香　以須曼瞻蔔
阿提目多伽　薰油常燃之　如是供養者　得无量功德
如虛空无邊　其福亦如是　況復持此經　兼布施持戒
忍辱樂禪定　不瞋不惡口　恭敬於塔廟　謙下諸比丘
遠離自高心　常思惟智慧　有問難不瞋　隨順為解說
若能行是行　功德不可量　若見此法師　成就如是德
應以天華散　天衣覆其身　頭面接足礼　生心如佛想
又應作是念　不久詣道樹　得无漏无為　廣利諸人天
其所住止處　經行若坐臥　乃至說一偈　是中應起塔
莊嚴令妙好　種種以供養　佛子住此地　則是佛受用
常在於其中　經行及坐臥

妙法蓮華經卷第五

妙法蓮華經卷第五

BD00081-1 維摩詰所說經卷上

（後秦）鳩摩羅什 譯

BD00081-2 維摩詰所說經卷中

（後秦）鳩摩羅什 譯

639.5cm × 28cm

嚴佛无量功德寶莊
衆歎未曾有而皆自見坐[illegible]蓮華佛告舍利弗汝且
觀是佛土嚴淨舍利弗言唯然世尊本所不見本所不聞今佛國
土嚴淨悉現佛語舍利弗我佛國土常淨若此為欲度斯下劣人
故示是衆惡不淨土耳譬如諸天共寶器食隨其福德飯色有異
如是舍利弗若人心淨便見此土功德莊嚴當佛現此國土嚴淨之時
寶積所將五百長者子皆得无生法忍八万四千人發阿耨多羅三藐
三菩提心佛攝神足於是世界還復如故求聲聞乘三万二千天及人
知有為法皆悉无常遠塵離垢得法眼淨八千比丘不受諸法漏盡
意解

方便品第二

尒時毗耶離大城中有長者名維摩詰已曾供養无量諸佛深殖善本
得无生忍辯才无㝵遊戲神通逮諸揔持獲无所畏降魔勞怨入深
法門善於智度通達方便大願成就明了衆生心之所趣又能分別

便居毗耶離資財无量攝諸貧民奉戒清淨攝諸毀禁以忍調行攝
諸恚怒以大精進攝懈怠一心禪定攝諸亂意以決定慧攝諸无智雖
為白衣奉持沙門清淨律行雖處居家不著三界示有妻子常脩
梵行現有眷屬常樂遠離雖服寶飾而以相好嚴身雖服飲食而
以禪悅為味若至博弈戲處輒以度人受諸異道不毀正信雖明世典常
樂佛法一切見敬為供養中最執持正法攝諸長幼一切治生諧偶雖獲
俗利不以為喜悅遊諸四衢饒益眾生入治政法救護一切入講論處導以
大乘入諸學堂誘開童蒙入諸婬舍示欲之過入諸酒肆能立其志若
在長者長者中尊為說勝法若在居士居士中尊斷其貪著若在
剎利剎利中尊教以忍辱若在婆羅門婆羅門中尊除其我慢若
在大臣大臣中尊教以正法若在王子王子中尊示以忠孝若在內官
內官中尊化正宮女若在庶民庶民中尊令興福力若在梵天梵天
中尊誨以勝慧若在帝釋帝釋中尊示現无常若在護世護世中

中尊誨以勝慧若在帝釋帝釋中尊示現无常若在護世護世中
尊護諸眾生長者維摩詰以如是等无量方便饒益眾生其以方
便現身有病以其疾故國王大臣長者居士婆羅門等及諸王子并餘
官屬无數千人皆往問疾其往者維摩詰因以身疾廣為說法諸仁
者是身无常无強无力无堅速朽之法不可信也為苦為惱眾病所
集諸仁者如此身明智者所不怙是身如聚沫不可撮摩是身如泡
不得久立是身如炎從渴愛生是身如芭蕉中无有堅是身如幻
從顛倒起是身如夢為虛妄見是身如影從業緣現是身如
響屬諸因緣是身如浮雲須臾變滅是身如電念念不住
是身无主為如地是身无我為如火是身无壽為如風是身
无人為如水是身不實四大為家是身為空離我我所是身
无知如草木瓦礫是身為虛偽雖假以澡浴衣食必歸
磨滅是身為災百一病惱是身如丘井為老所逼是身
无定為要當死是身如毒蛇如怨賊如空聚陰界諸
[illegible]

脫知見生從慈悲喜捨生從布施持戒忍辱柔和勤
行精進禪定解脫三昧多聞智慧諸波羅蜜生從方
便生從六通生從三明生從卅七道品生從止觀生從十力
四无所畏十八不共法生從斷一切不善法集一切善法生從
真實生從不放逸生從如是无量清淨法生如來身諸仁
者欲得佛身斷一切衆生病者當發阿耨多羅三藐三
菩提心於是長者維摩詰為諸問疾者如應說法令无
數千人皆發阿耨多羅三藐三菩提心

弟子品第三

尒時長者維摩詰自念寢疾于床世尊大慈寧不誰愍佛知其意
即告舍利弗汝行詣維摩詰問疾舍利弗白佛言世尊我不堪任詣
彼問疾所以者何憶念我昔曾於林中宴坐樹下時維摩詰來謂我
言唯舍利弗不必是坐為宴坐也夫宴坐者不於三界現身意是
為宴坐不起滅定而現諸威儀是為宴坐不捨道法而現諸〔凡〕夫事是為

為宴坐不起滅定而現諸威儀是為宴坐不捨道法而現諸夫事是為
宴坐心不住内亦不在外是為宴坐於諸見不動而脩行卅七品是為
宴坐不斷煩惱而入涅槃是宴坐若能如是坐者佛所印可時我世
聞尊是語默然而止不能加報故我不任詣彼問疾
佛告大目揵連如行詣維摩詰問疾目連白佛言世尊我不堪任詣
彼問疾所以者何憶念我昔入毗耶離大城於里巷中為諸居士說法
時維摩詰來謂我言唯大目連為白衣居士說法不當如仁者所說夫
說法者當如法說法无衆生離衆生垢故法无有我離我垢故法无壽
命離生死故法无有人前後際斷故法常寂然滅諸相故法離於相无
所緣故法无名字言語斷故法无有說離覺觀故法无形相如虚空故
法无戲論畢竟空故法无我所離我所故法无分別離諸識故法无有比
无相待故法不屬因不在緣故法同法姓入諸法隨於如无所隨故法住
實際諸邊不動故无法動搖不依六塵故法无去來常不住法順於空
隨无相應无作法好醜法无增損法无生滅法无所歸法過眼耳鼻舌
身心法无高下法常住不動法離一切觀行唯大目連法相如是豈可說

[illegible]
是意而為說法當了衆生根有利鈍善於知見无所罣㝵以大慈心讚
于大乘念報佛恩大斷三寳然後說法維詰摩說是法時二百居士發
阿耨多羅三藐三菩提心我无此辯是故不任詣彼問疾
佛告大迦葉汝行詣維摩詰問疾迦葉白佛言世尊我不堪任詣彼問
疾所以者何憶念我昔於貧里而行乞食時維摩詰來謂我言唯大
迦葉有慈悲心而不能普捨豪富從貧乞迦葉住平等法應次行乞
食為不食故應行乞食為懷合和相應取揣食為不受故應受
彼食以空聚相入於聚落所見色與盲等所聞聲與響等所嗅
香與風等所食味不分別受諸觸如智證知諸法如幻相无自性无
他性本自不然今則无迦葉若能不捨八耶入八解脫以耶相入正位以一
食時一切供養諸佛及衆賢聖然後可食如是食者非有煩惱非
離煩惱非入定意非起定意非住世間非住涅槃有其施者无大福
无小福不為益不為損是為正入佛道不意聲聞迦葉若如是食為
不空食人之施也是我世尊聞說是語得未曾有即於一切菩薩深

无小福不爲益不爲損是爲正入佛道不依聲聞迦葉若如是食爲
不空食人之施也時我世尊聞說是語得未曾有即於一切菩薩深
起敬心復作是念斯有家名辯才智慧乃能如是其誰不發阿耨多
羅三藐三菩提心我從是來不復勸人以聲聞辟支佛行是故不任詣
彼問疾
佛告須菩提汝行詣維摩詰問疾須菩提白佛言世尊我不堪任詣
彼問疾所以者何憶念我昔入其舍從乞食時維摩詰取我鉢盛滿
飯謂我言唯須菩提若能於食等者諸法亦等諸法等者於食亦
等如是行乞乃可取食若須菩提不斷婬怒癡亦不與俱不壞於身
而隨一相不起癡愛起於明脫以五逆相而得解脫亦不解不縛不見四諦
非不見四諦非得果非不得果非凡夫非離凡夫法非聖人非不聖人雖成
就一切法而離諸法相乃可取食若須菩提不見佛不聞法彼道外六師
富蘭那迦葉末伽梨拘賒梨子刪闍夜毗羅胝子阿耆多翅舍欽婆
羅迦羅鳩馱迦栴延尼揵陀若提子等是汝之師因其出家彼師所墮

福田供養汝者墮三惡道為與衆魔共一手作諸勞侶汝與衆魔及
諸塵勞等无有異於一切衆生而有怨心謗諸佛毀於法不入衆數終
不得滅度汝若如是乃可取食時我世尊聞此語以芒然不識是何言不
知以何荅便置鉢欲出其舍維摩詰言唯須菩提取鉢勿懼於意云
何如來所作化人若以是事詰寧有懼不我言不也維摩詰言一切諸
法如幻化相汝今不應有所懼也所以者何一切言說不離是相至於智
者不着文字故无所懼何以故文性〔字〕離无有文字是則解脫解脫相者
則諸法也維摩詰說是語〔法〕時二百天子得法眼淨故我不堪詣彼問疾
佛告富數那彌多羅尼子汝行詣維摩詰問疾富樓那白佛言世尊我
不堪任詣彼問疾所以者何憶念我昔於大衆〔林〕中在一樹下為諸新學
比丘說法時維摩詰來謂我言唯富樓那先當入定觀此人心然後說
法无以穢食置於寶器當知是比丘心之所念无以瑠璃同彼水精汝不
能知衆生根源不得發起以小乘法彼自无瘡勿傷之也欲行大道莫

BD00081-1　維摩詰所說經卷上

能知衆生根源不得發起以小乘法彼自无瘡勿傷之也欲行大道莫
示小徑无以大海内於牛跡无以日光等彼螢火冨樓那此比丘久發大乘
心中妄此意如何以小乘法而教導之我觀小乘智慧微淺猶如盲人不
能分別一切衆生根之利鈍時維摩詰即入三昧令此比丘自識宿命曾於
五百佛所殖衆德本迴向阿耨多羅三藐三菩提即時豁然還得本心於
是諸比丘稽首禮維摩詰足時維摩詰因為說法於阿耨多羅三藐
三菩提不復退轉我念聲聞不觀人根不應說法是故不任詣彼問疾
佛告摩訶迦旃延汝行詣維摩詰問疾迦旃延白佛言世尊我不堪任詣
彼問疾所以者何憶念我昔佛為諸比丘略說法要我即於後敷演其
義謂无常義苦義空義无我義寂滅義時維摩詰來謂我言唯
迦旃延无以生滅心行說實相法迦旃延諸法畢竟不生不滅是无常
五受陰洞達空无所起是苦義諸法究竟无所有是空義於我无我而
不二是无我義法本不然今則无滅是寂滅義說是法時彼諸比丘心

佛告阿那律汝行詣維摩詰問疾阿那律白佛言世尊我不堪任詣
彼問疾所以者何憶念我昔於一處經行時有梵王名曰嚴淨與万梵
俱放淨光明來詣我所稽首作礼問我言幾何阿那律天眼所見我
即荅言仁者吾見此釋迦牟尼佛土三千大千世界如觀掌中菴摩勒
菓時維摩詰來謂我言唯阿那律天眼所見為作相耶无作相耶
假使作相則與外道五通等若无作相即是无為不應有見世尊我時
嘿然彼諸梵聞其言得未曾有即為作礼而問曰世孰有真天眼者維
摩詰言有佛世尊得真天眼常在三昧悉見諸佛國不以二相於是嚴淨
梵王及其眷屬五百梵天皆發阿耨多羅三藐三菩提心礼維摩詰之
已忽然不現故我不任詣彼問疾
佛告優波離汝行詣維摩詰問疾優波離白佛言世尊我不堪任詣
彼問疾所以者何憶念我昔有二比丘犯律行以為恥不敢問佛來問
我言唯優波離我等犯律誠以為恥不敢問佛願解疑悔得免斯咎我
即為其如法解說時維摩詰來為我言唯優波離无重增此二比丘罪
當直除滅勿擾其心所以者何彼罪性不在內不在外不在中間如佛所

即爲其如法解說時維摩詰來謂我言唯優波離无重增此二比丘罪
當直除滅勿擾其心所以者何彼罪性不在內不在外不在中間如佛所
說心垢故衆生垢心淨故衆生淨心亦不在內不在外不在中間如其心然
罪垢亦然諸法亦然不出於如如優波離以心相得解脫時寧有垢不我
言不也維摩詰言一切衆生心相无垢亦復如是唯優波離妄想是垢
无妄想是淨顛倒是垢无顛倒是淨取我是垢不取我是淨優波離一切
法生滅不住如幻如電諸法不相待乃至一念不住諸法皆妄見如夢如炎
如水中月如鏡中像以妄想生其知此者是名奉律其知此者是名善解
於是二比丘言上智哉是優波離所不及持律之上而不能說我荅言自
捨如來未有聲聞及菩薩能制其樂說之辯其智慧明達爲若此
也時二比丘疑悔即除發阿耨多羅三藐三菩提心作是願言令一切衆生
得皆是辯故我不任詣彼問疾
佛告羅睺羅汝行詣維摩詰問疾羅睺羅白佛言世尊我不堪任詣
彼問疾所以者何憶念我昔毗耶離諸長者子來詣我所稽首作禮

[illegible]
羅不應說出家功德之利所以者何无利无功德是為出家有為法者
可說有利有功德夫出家者為无為法无為法中无利无功德羅睺羅夫
出家者无彼无此亦无中間離六十二見處於涅槃智者所受聖所行處
降伏衆魔度五道淨五眼得五力立五根不惱於彼離衆雜惡摧諸外
道超越假名出淤泥无繫著无我所无所受无擾亂內懷喜護彼意
隨禪定離衆過若能如是是真出家於是維摩詰語諸長者子言汝等
於正法中宜共出家所以者何佛世難值諸長者子言居士我聞佛言父
母不聽不得出家維摩詰言然汝等便發阿耨多羅三藐三菩提心是
即出家是即具足尒時三十二長者子皆發阿耨多羅三藐三菩提心故我不任
詣彼問疾
佛告阿難汝行詣維摩詰問疾阿難白佛
言世尊我不堪任詣彼問疾所以者何憶念昔時世尊身少有
疾當用牛乳我即持鉢詣大婆羅門家門下立時維摩詰來謂我
言唯阿難何為晨朝持鉢住此我言居士世尊身少有疾
當用牛乳故來至此維摩詰言止止阿難莫作是語如來身者

謂言唯阿難何為晨朝持鉢住此我言居士世尊身小有疾
當用牛乳故來至此維摩詰言止止阿難莫作是語如來身者
金剛之體諸惡已斷衆善普會當有何疾當有何惱嘿往阿難勿
謗如來莫使異人聞此麁言无令大威德諸天及他方淨土諸來菩
薩得聞斯語阿難轉輪聖王以少福得尚得无疾豈況如來无量福
會普勝者哉行矣阿難勿使我等受斯恥也外道梵志若聞此
語當作是念何名為師自疾不能救而能救諸疾人可密速去勿使
人聞當知阿難諸如來身即是法身非思欲身佛為世尊過於三界佛
身无漏諸漏已盡佛身无為不墮諸數如此之身當有何疾時我世尊實
懷慙愧得无近佛而謬聽耶即聞空中聲曰阿難如居士言但為佛
出五濁惡世現行斯法度脫衆生行矣阿難取乳勿慙世尊維摩
詰智辯才為若此也是故不任詣彼問疾如是五百大弟子各各向
佛說其本緣稱述維摩詰所言皆曰不任詣彼問疾

菩薩品第四

任詣彼問疾所以者何憶念我昔為兜率天王及其眷屬說不退
轉之行時維摩詰来謂我言弥勒世尊授仁者記一生當得阿耨
多羅三藐三菩提為用何生得授記乎過去耶未来耶現在耶若過
去生過去生以滅若未来生未来生未至若現在生現在生无住如佛所
說比丘汝今即時亦生亦老亦滅若以无生得受記者无生即是正位
於正位中亦无受記亦无得阿耨多羅三藐三菩提云何弥勒受一生記
乎為從如生得受記耶為從如滅得受記耶若以如生得受記者如无
有生若以如滅得受記者如无有滅一切眾生亦如也一切法亦如也眾聖賢
亦如也至於弥勒亦如也若弥勒得受記者一切眾生亦應受記所以者
何夫如者不二不異若弥勒得阿耨多羅三藐三菩提者一切眾生皆
亦應得所以者何一切眾生即菩提相若弥勒得滅度者一切眾生亦當得
滅度所以者何諸佛知一切眾生畢竟空寂即涅槃相不復更滅是故
弥勒无以此法誘諸天子實无發阿耨多羅三藐三菩提心者亦无退
者弥勒當令此諸天子捨於分別菩提之見所以者何菩提者不可以身
得不可以心得寂滅是菩提滅諸相故不觀是菩提離諸緣故不行是

者弥勒當知此諸天子捨於分別菩提之見所以者何菩提者不可身
得不可以心得寂滅是菩提滅諸相故不觀是菩提離諸緣故不行是
菩提无憶念故斷是菩提捨諸見故離是菩提離諸妄想故鄣是
菩提鄣諸願故不入是菩提无貪著故順是菩提順於如故住是菩
提住法性故至是菩提至實際故不二是菩提離意法故等是菩提等
虛空故无為是菩提无生住滅故智是菩提了衆生心行故不會是菩
提諸入不會故不合是菩提離煩惱習故无處是菩提无形色故假名是
菩提名字空故如化是菩提无取捨故无亂是菩提常自淨故善寂是
菩提性清淨故无取是菩提離攀緣故无異是菩提諸法等故无比
是菩提无可喻故微妙是菩提諸法難知故世尊維摩詰說是法時
二百天子得无生忍故我不任詣彼問疾
佛告光嚴童子汝行詣維摩詰問疾光嚴童子白佛言世尊我不堪任
詣彼問疾所以者何憶念我昔出毗耶離大城時維摩詰方入城我即為
作禮而問曰居士從何處所來來答我言吾從道場來我聞道場者何所是答

具足故忍辱是道場於諸衆生心無㝵故精進是道場不懈退故禪定是
道場心調柔故智慧是道場現見諸法故慈是道場等衆生故悲是道
場忍〻苦故喜是道場悅樂法故捨是道場憎愛斷故神通是道場
成就六通故解脫是道場能背捨故方便是道場教化衆生故四攝是
道場攝衆生故多聞是道場如聞行故伏心是道場正觀諸法故卅七品
是道場捨有爲法故諦是道場不誑世間故緣起是道場無明乃至老
死皆無盡故諸煩惱是道場知如實故衆生是道場知無我故一切法是道
場知諸法空故降魔是道場頃不動故三界是道場無所趣故師子吼
是道場無所畏故無畏不共法是道場無諸過故三明是道場無餘㝵故
一念知一切法是道場成就一切智故如是善男子菩薩若應諸波羅蜜教
化衆生諸有所作舉足下足當知皆從道場來住於佛法矣說是法時五
百天人皆發阿耨多羅三藐三菩提心故我不任詣彼問疾
佛告持世菩薩汝行詣維摩詰問疾持世白佛言世尊我不任堪詣彼問
疾所以者何憶念我昔住於靜室時魔波旬從万二千天女狀如帝釋鼓

佛告持世菩薩汝行詣維摩詰問疾持世白佛言世尊我不任堪詣彼問
疾所以者何憶念我昔住於靜室時魔波旬從万二千天女狀如帝釋鼓
樂絃歌来我詣所與其眷屬稽首我足合掌恭敬於一面立我意謂是
帝釋而語之言善来憍尸迦雖復應有不當自恣當觀五欲无常以求
善本於身命財而修堅法即語我言正士受是万二千天女可備掃灑我
言憍尸迦无以此非法之物要我沙門釋子此非我宜所言未訖時維摩
詰来謂我言非帝釋也是為魔来嬈固汝耳即語魔言是諸女等可
以与我如我應受魔即驚懼念維摩詰將无惱我欲隱形去而不能
隱盡其神力亦不得去即聞空中聲曰波旬以女与之乃可得去魔以畏故俛
仰而去尒時維摩詰語諸女言魔以汝等與我今汝皆當發阿耨多羅三
藐三菩提心即隨所應而為說法令發道意復言汝等已發道意有法
樂可以自娛不應復樂五欲樂也天女即問何謂法樂答曰樂常信佛
樂欲聽法樂供養衆樂離五欲樂觀五陰如怨賊樂觀四大如毒蛇樂
觀內入如空聚樂隨護道意樂饒益衆生樂敬養師樂廣行施樂

嚴道場樂聞深法不畏樂三脫門不樂非時樂近同學樂於非同學中心无
罣閡樂將護惡知識樂近善知識樂心喜清淨樂脩无量道品之法是為
菩薩法樂於是波旬告諸女言我欲與汝俱還天宮諸女言以我等與此居
士有法樂我等甚樂不復樂五欲樂也魔言居士可捨此女一切所有施於彼
者是為菩薩維摩詰言我已捨訖汝便將去令一切衆生得法願具足於是
諸女問維摩詰我等云何止於魔宮維摩詰言諸姊有法門名无盡燈
汝等當學无盡燈者譬如一燈然百千燈冥者皆明明終不盡如是諸
姊夫一菩薩開道百千衆生令發阿耨多羅三藐三菩提心於其道意亦不
滅盡隨所說法而自增益一切善法是名无盡燈也汝等雖住魔宮以是无
盡燈令无數天子天女發阿耨多羅三藐三菩提心者為報佛恩亦大饒益
一切衆生尒時天女頭面禮維摩詰足隨魔還宮忽然不現世尊維摩詰有
如是自在神力智慧辯才故我不任詣彼問疾
佛告善德長者子汝行詣維摩詰善德白佛言世尊我不堪任詣彼問疾

如是自在神力智惠辯才故我不任詣彼問疾
佛告善德長者子汝行詣維摩詰問善德白佛言世尊我不堪任詣彼問疾
所以者何憶念我昔自於父舍設大施會供養一切沙門婆羅門及諸外道貧窮
下賤孤獨乞人期滿七日時維摩詰來入會中謂我言長者子夫大施會不當如汝所
設當為法施之會何用是財施會為我言居士何為法始之會法施會者无前无
後一時供養一切眾生是名法施之會何謂也謂以菩提起於慈心以救眾生起大悲
心以持正法起於喜心以攝智惠行於捨心以攝慳貪起檀波羅蜜以化犯戒起尸
波羅蜜以无我法起羼提波羅蜜以離身心相起毗離耶波羅蜜以菩提相起禪
波羅蜜以一切智起般若波羅蜜教化眾生而起於空不捨有為法而起无相示現
受生而起无作護持正法起方便力以度眾生起四攝法以敬事一切起除慢法
於身命財起三堅法於六念中起思念法於六和敬起質直心正行善法起於淨
心命淨歡喜起近賢聖不憎惡人起調伏心以出家法起於深心以如說行起於
多聞以无諍法起空閑處趣向佛惠起於宴坐解眾生縛起脩行地以具好相
及淨佛土起福德業知一切眾生心念如應說法起於智業知一切眾生法不取不捨
門起於惠業斷一切煩惱一切障礙一切
[illegible]

詰說是法時婆羅門衆二百人皆發阿耨多羅三藐三菩提心我時心得清淨
歎未曾有稽首禮維摩詰足即解瓔衆寶珠瓔珞價直百千以上之不肯取
我言居士願必納受隨意所與維摩詰乃受瓔珞分作二分持一分施此會中一
最下乞人持一分奉彼難勝如來一切衆會皆見光明國土難勝如來又見珠瓔
在彼佛上變成四柱寶臺四面嚴飾不相障蔽時維摩詰現神變已作如是
言若施主等心施一最下乞人猶如如來福田之相無所分別等于大悲不求果報是則
名曰法施城中一最下乞人見是神力聞其所說皆發阿耨多羅三藐三菩提心故我
不任詣彼問疾如是諸菩薩各各向佛說其本緣稱述維摩詰所言皆曰不任
詣彼問疾

維摩詰經卷上

維摩詰經卷中

文殊師利問疾品第五

爾時佛告文殊師利汝行詣維摩詰問疾文殊師利白佛言世尊彼上人者難為酬
對深達實相善說法要辯才無滯智慧無㝵一切菩薩法式悉知諸佛秘

BD00081－1　維摩詰所説經卷上　　BD00081－2　維摩詰所説經卷中

對深達實相善說法要辯才无滞智恵无㝵一切菩薩法式悉知諸佛秘
藏无不得入降伏衆魔遊戯神通其恵方便皆已得度雖然當承佛聖旨
詣彼問疾於是衆中諸菩薩大弟子釋梵四天王咸作是念今二大士文殊師利維
摩詰共談必說妙法即時八千菩薩五百聲聞百千天人皆欲随從於是文殊師
利與諸菩薩大弟子衆及諸天人恭敬圍繞入毗耶離大城
尒時長者維摩詰心念今文殊師利與大衆俱来即以神力空其室内除去所有及
諸侍者唯置一床以疾而卧文殊師利既入其舍見其室空无諸所有獨寝一床
時維摩詰言善来文殊師利不来相而来不見相而見文殊師利言如是居士
若来已更不来若去已更不去所以者何来者无所從来去者无所至所可見者
更不可見且置是事居士是疾寧可忍不療治有損不至增乎世尊慇懃致
問无量居士是疾何所因起其生久如當云何滅維摩詰言從癡有愛則我病
生以一切衆生病是故我病若一切衆生得不病者則我病滅所以者何菩薩為衆
生故入生死有生死則有病若衆生得離病者則菩薩无復病譬如長者唯有一
子其子得病父母亦病若子病愈父母亦愈菩薩如是於諸衆生愛之若子衆

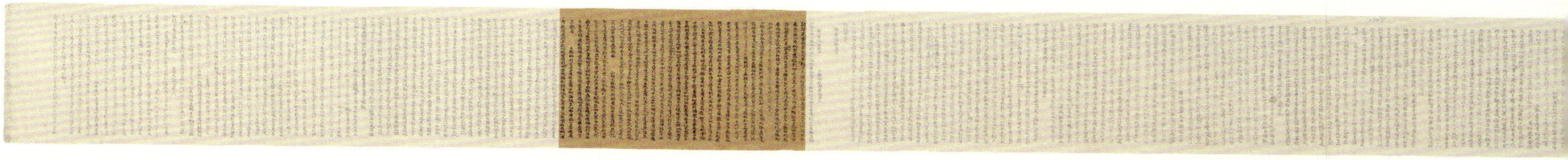

殊師利言居士此室何以空无侍維摩詰言諸佛國土亦復皆空又問以何為空
答曰以空空又問空何用空答曰以无分別空故空又問空可分別耶答曰分別亦空又問空
當於何求答曰當於六十二見中求又問六十二見當於何求答曰當於諸佛解脫中求
又問諸佛解脫當於何求答曰當於一切眾生心行中求又仁所問何无侍者一切眾魔
及諸外道皆吾侍也所以者何眾魔者樂生死菩薩於生死而不捨外道者樂諸見
菩薩於諸見而不動文殊師利言居士所疾為何等相維摩詰言我病无形不可見
又問此病身合耶心合耶答曰非身合身相離故亦非心合心如幻故又問地大水大火大風大
大於此四大何大之病答曰是非病地大亦不離地大水火風大亦復如是而眾生病從
四大起以其有病是故我病
尒時文殊師利問維摩詰言菩薩應云何慰
喻有疾菩薩維摩詰言說身无常不說猒離於身說身有苦不說樂於涅槃
說身无我而說教導眾生說身空寂不說畢竟寂滅說悔先罪而不說入於
過去以己之疾愍於彼疾當識宿世无數劫苦當念饒益一切眾生憶所修福念於淨命
勿生憂惱常起精進當作醫王療治眾病菩薩應如是慰喻有疾菩薩令
其歡喜
文殊師利言居士有疾菩薩云何調伏其心維摩詰言有疾菩
薩應作是念今我此病皆從前世妄想顛倒諸煩惱生无有實法誰受病者所以者

BD00081-2　維摩詰所説經卷中

薩應作是念今我此病皆從前時妄想顛倒諸煩惱生无有實法誰受病者所以者
何四大合故假名為身四大无主身亦无我又此病起皆由著我是故於我不應生著
既知病本即除我想及衆生想當起法想應作是念但以衆法合成此身起唯法
起滅唯法滅又此法者各不相知起時不言我起滅時不言我滅彼有疾菩薩為滅
法想當作是念此法想者亦是顛倒顛倒者是即大患我應離之云何為離離
我我所云何離我我所謂離二法云何離二法謂不念內外諸法行於平等云何平等
謂我等涅槃等所以者何我及涅槃此二皆空以何為空但以名字故空如此二法无決
定性得是平等无有餘病唯有空病空病亦空是有疾菩薩以无所受而受諸
受未具佛法亦不滅受而取證也設身有苦念惡趣衆生起大悲心我既調伏亦當
調伏一切衆生但除其病而不除法為斷病本而教道之何謂病本謂有攀緣從有
攀緣則有病本何所攀緣謂之三界云何斷攀緣以无所得若无所得則无攀
緣何无所得謂離二見何為二見謂內見外見是无所得文殊師利是為有疾菩薩
調伏其心為斷老病死苦是菩薩菩提若不如是已所脩治為无惠利譬如勝怨
乃可為勇如是兼除老病死者菩薩之謂也彼有疾菩薩復應作是念如我此

生无有疲厭在在所生不為愛見之所覆也所生无縛能為衆生說法解縛如佛所
說若自有縛能解彼縛无有是處若自无縛能解彼縛斯有是處是故菩薩
不應起縛何謂縛何謂解貪著禪味是菩薩縛以方便生是菩薩解又无方
便慧縛有方便慧解无慧方便縛有慧方便解何謂无方便慧縛謂菩薩以
愛見心莊嚴佛土成就衆生於空无相无作法中而自調伏是名无方便慧縛何謂
有方便慧解謂不以愛見心莊嚴佛土成就衆生於空无相无作法中以自調伏而不
疲厭是名有方便慧解何謂无慧方便縛謂菩薩住貪欲瞋恚邪見等諸煩惱
而殖衆德本是名无慧方便縛何謂有慧方便解謂離諸貪欲瞋恚邪見等諸
煩惱而殖衆德本迴向阿耨多羅三藐三菩提是名有慧方便解
文殊師利彼有疾菩薩應如是觀諸法又復觀身无常苦空非我是名為慧
雖身有疾常在生死饒益一切而不厭倦是名方便又復觀身身不離病病
不離身是病是身非新非故是名為慧設身有疾而不永滅是名方便文殊
師利有疾菩薩應如是調伏其心不住其中亦復不住不調伏心所以者何若住
不調伏心是愚人法若住調伏心是聲聞法是故菩薩不當住於調伏不調伏心離

不調伏心是愚人法若調住伏心是聲聞法是故菩薩不當住於調伏不調伏心離
此二法是菩薩行在於生死不為汙行住於涅槃不永滅度是菩薩行非凡夫行非
賢聖行是菩薩行非垢行非淨行是菩薩行雖過魔行而現降衆魔是
菩薩行求一切智无非是求是菩薩行雖觀諸法不生而不入正位是菩薩行
雖觀十二因緣而入諸耶見是菩薩行雖攝一切衆生而不愛著是菩薩行雖樂
遠離而不依身心盡是菩薩行雖行三界而不壞法性是菩薩行雖行於空而植
衆德本是菩薩行雖行无相而度衆生是菩薩行雖行无作而現受身是菩
薩行雖行无起而起一切善法是菩薩行雖行六波羅蜜而遍知衆生心心數法是
菩薩行雖行六通而不盡漏是菩薩行雖行四无量心而不貪著生於梵世是
菩薩行雖行禪定解脫三昧而不隨禪生是菩薩行雖行四念處而不永離身受
心法是菩薩行雖行四正勤而不捨身心精進是菩薩行雖行四如意足而得自在
神通是菩薩行雖行五根而分別衆生諸根利鈍是菩薩行雖行五力而樂求
佛十力是菩薩行雖行七覺分而分別佛之智慧是菩薩行雖行八正道而樂
行无量佛道是菩薩行雖行止觀助道之法而不畢竟墮於寂滅是菩薩行

佛國土永寂如空而現種種清淨國土是菩薩行雖得佛道轉于法輪入於涅槃
而不捨於菩薩之道是菩薩行說是法時文殊師利所將大衆其中八千天子皆發
阿耨多羅三藐三菩提心

不可思議品第六

尒時舍利弗見此室中无有牀座作是念斯諸菩薩大弟子衆當於何坐長
者維摩詰知其意語舍利弗言云何仁者為法來耶求牀座耶舍利弗言
我為法來非為牀座維摩詰言唯舍利弗夫求法者不貪軀命何況牀座夫
求法者非有色受想行識之求非有界入之求非有欲色无色之求唯舍利弗夫
求法者不著佛求不著法求不著衆求夫求法者无見苦求无斷集求无
造盡證脩道之求所以者何法无戲論若言我當見苦斷集證滅脩道是
則戲論非求法也唯舍利弗法名寂滅若行生滅是求生滅非求法也法名无染
若染於法乃至涅槃是則染著非求法也法无行處若行於法是則行處非求法
也法无取捨若取捨法是則取捨非求法也法无處所若著處所是則著處非
求法也法名无相若隨相識是則求相非求法也法不可住若住於法是則住法

BD00081-2 維摩詰所説經卷中

求法也法名无相若隨相識是則求相非求法也法不可住若住於法是則住法
非求法也法不可見聞覺知若行見聞覺知是則見聞覺知非求法也法名
无為若行有為是求有為非求法也是故舍利弗若求法者於一切法應无所
求說是語時五百天子於諸法中得法眼淨
尒時長者維摩詰問文殊師利仁者遊於无量千万億阿僧祇國何等佛土有好

BD00082

妙法蓮華經卷四

（後秦）鳩摩羅什 譯

1126cm×27cm

演暢如是義　教諸千億衆　令住大乘法　而自淨佛土
未來亦供養　无量无數佛　護助宣正法　亦自淨佛土
常以諸方便　說法无所畏　度不可計衆　成就一切智
供養諸如來　護持法寶藏　其後得成佛　号名曰法明
其國名善淨　七寶所合成　劫名爲寶明　菩薩衆甚多
其數无量億　皆度大神通　威德力具足　充滿其國土
聲聞亦无數　三明八解脫　得四无礙智　以是等爲僧
其國諸衆生　婬欲皆已斷　純一變化生　具相莊嚴身
法喜禪悅食　更无餘食想　无有諸女人　亦无諸惡道
富樓那比丘　功德悉成滿　當得斯淨土　賢聖甚衆多
如是无量事　我今但略說
尒時千二百阿羅漢心自在者作是念我等

歡喜得未曾有若世尊各見授記如餘大弟
子者不亦快乎佛知此等心之所念告摩訶
迦葉是千二百阿羅漢我今當現前次第與
授阿耨多羅三藐三菩提記於此衆中我大
弟子憍陳如比丘當供養六万二千億佛然
後得成為佛号曰普明如來應供正遍知明
行足善逝世間解无上士調御丈夫天人師
佛世尊其五百阿羅漢優樓頻螺迦葉伽耶
迦葉那提迦葉迦留陁夷優陁夷阿㝹樓馱
離婆多劫賓那薄拘羅周陁莎伽陁等皆當
得阿耨多羅三藐三菩提盡同一号名曰普
明尒時世尊欲重宣此義而說偈言
憍陳如比丘　當見无量佛　過阿僧祇劫　乃成等正覺
常放大光明　具足諸神通　名聞遍十方　一切之所敬

常放大光明　具足諸神通　名聞遍十方　一切之所敬
常說无上道　故号為普明　其國土清淨　菩薩皆勇猛
咸昇妙樓閣　遊諸十方國　以无上供具　奉獻於諸佛
作是供養已　心懷大歡喜　須臾還本國　有如是神力
佛壽六万劫　正法住倍壽　像法復倍是　法滅天人憂
其五百比丘　次第當作佛　同号曰普明　轉次而授記
我滅度之後　某甲當作佛　其所化世間　亦如我今日
國土之嚴淨　及諸神通力　菩薩聲聞衆　正法及像法
壽命劫多少　皆如上所說　迦葉汝已知　五百自在者
餘諸聲聞衆　亦當復如是　其不在此會　汝當為宣說
尒時五百阿羅漢於佛前得受記已歡喜踊
躍即從座起到於佛前頭面礼足悔過自責
世尊我等常作是念自謂已得究竟滅度今
乃知之如无智者所以者何我等應得如來

親友家醉酒而卧是時親友官事當行以无
價寶珠繫其衣裏與之而去其人醉卧都不
覺知起已遊行到於他國為衣食故懃力求
索甚大艱難若少有所得便以為足於後親
友會遇見之而作是言咄哉丈夫何為衣食
乃至如是我昔欲令汝得安樂五欲自恣於
某年日月以无價寶珠繫汝衣裏今故現在
而汝不知懃苦憂惱以求自活甚為癡也汝
今可以此寶貿易所須常可如意无所乏短
佛亦如是為菩薩時教化我等令發一切智
心而尋廢忘不知不覺既得阿羅漢道自謂
滅度資生艱難得少為足一切智願猶在不

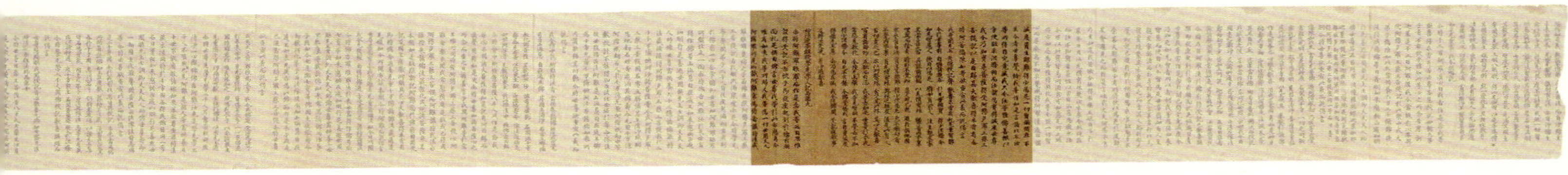

滅度資生艱難得少為足一切智願猶在不
失今者世尊覺悟我等作如是言諸比丘汝
等所得非究竟滅我久令汝等種佛善根以
方便故示涅槃相而汝謂為實得滅度世尊
我今乃知實是菩薩得受阿耨多羅三藐三
菩提記以是因緣甚大歡喜得未曾有尒
時阿若憍陳如等欲重宣此義而說偈言
我等聞无上　安隱授記聲　歡喜未曾有　礼无量智佛
今於世尊前　自悔諸過咎　於无量佛寶　得少涅槃分
如无智愚人　便自以為足　譬如貧窮人　往至親友家
其家甚大富　具設諸餚饍　以无價寶珠　繫著內衣裏
嘿與而捨去　時臥不覺知　是人既已起　遊行詣他國

不覺內衣裏　有无價寶珠　與珠之親友　後見此貧人
苦切責之已　示以所繫珠　貧人見此珠　其心大歡喜
富有諸財物　五欲而自恣　我等亦如是　世尊於長夜
常愍見教化　令種无上願　我等无智故　不覺亦不知
得少涅槃分　自足不求餘　今佛覺悟我　言非實滅度
得佛无上慧　尒乃為真滅　我今從佛聞　受記莊嚴事
及轉次受決　身心遍歡喜

妙法蓮華經授學无學人記品第九

尒時阿難羅睺羅而作是念我等每自思惟
設得受記不亦快乎即從座起到於佛前頭
面礼足俱白佛言世尊我等於此亦應有分
唯有如來我等所歸又我等為一切世間天人
阿脩羅所見知識阿難常為侍者護持法藏

有如來我等所歸又我等為一切世間天人
阿脩羅所見知識阿難常為侍者護持法藏
羅睺羅是佛之子若佛見授阿耨多羅三藐
三菩提記者我願既滿眾望亦足尒時學无
學聲聞弟子二千人皆從座起偏袒右肩到
於佛前一心合掌瞻仰世尊如阿難羅睺羅
所願住立一面尒時佛告阿難汝於來世當
得作佛号山海慧自在通王如來應供正遍
知明行足善逝世間解无上士調御丈夫天
人師佛世尊當供養六十二億諸佛護持
法藏然後得阿耨多羅三藐三菩提教化二
十千万億恒河沙諸菩薩等令成阿耨多羅
三藐三菩提國名常立勝幡其土清淨琉璃
為地劫名妙音遍滿其佛壽命无量千万億

阿僧祇劫若人於千万億无量阿僧祇劫中
數校計不能得知正法住世倍於壽命像法
住世復倍正法阿難是山海慧自在通王佛
爲十方无量千万億恒河沙等諸佛如來所
共讚歎稱其功德尒時世尊欲重宣此義而
說偈言
我今僧中說　阿難持法者　當供養諸佛　然後成正覺
号曰山海慧　自在通王佛　其國土清淨　名常立勝幡
教化諸菩薩　其數如恒沙　佛有大威德　名聞滿十方
壽命无有量　以愍衆生故　正法倍壽命　像法復倍是
如恒河沙等　无數諸衆生　於此佛法中　種佛道因緣
尒時會中新發意菩薩八千人咸作是念我
等尚不聞諸大菩薩得如是記有何因緣而

尒時會中新發意菩薩八千人咸作是念我
等尚不聞諸大菩薩得如是記有何因緣而
諸聲聞得如是决尒時世尊知諸菩薩心之
所念而告之曰諸善男子我與阿難等於空
王佛所同時發阿耨多羅三藐三菩提心阿
難常樂多聞我常懃精進是故我已得成
阿耨多羅三藐三菩提而阿難護持我法亦
護將來諸佛法藏教化成就諸菩薩衆其
本願如是故獲斯記阿難面於佛前自聞受
記及國土莊嚴所願具足心大歡喜得未曾有
即時憶念過去无量千万億諸佛法藏通達
无礙如今所聞亦識本願尒時阿難而說偈言
世尊甚希有　令我念過去　无量諸佛法　如今日所聞
我今无復疑　安住於佛道　方便為侍者　護持諸佛法

尒時佛告羅睺羅汝於來世當得作佛號蹈
七寶華如來應供正遍知明行足善逝世間
解无上士調御丈夫天人師佛世尊當供養十世
界微塵等數諸佛如來常為諸佛而作長
子猶如今也是蹈七寶華佛国土莊嚴壽命
劫數所化弟子正法像法亦如山海慧自在
通王如來无異亦為此佛而作長子過是
已後當得阿耨多羅三藐三菩提尒時世尊
欲重宣此義而說偈言

我為太子時　羅睺為長子　我今成佛道　受法為法子
於未來世中　見无量億佛　皆為其長子　一心求佛道
羅睺羅密行　唯我能知之　現為我長子　以示諸眾生
无量億千万　功德不可數　安住於佛法　以求无上道

无量億千万 功德不可數 安住於佛法 以求无上道
尒時世尊見學无學二千人其意柔軟寂然
清淨一心觀佛佛告阿難汝見是學无學二
千人不唯然已見阿難是諸人等當供養五
十世界微塵數諸佛如来恭敬尊重護持法
藏末後同時於十方國各得成佛皆同一号
名曰寶相如来應供正遍知明行足善逝世
間解无上士調御丈夫天人師佛世尊壽命
一劫國土莊嚴聲聞菩薩正法像法皆悉同
等尒時世尊欲重宣此義而說偈言
是二千聲聞 今於我前住 悉皆與授記 未来當成佛
所供養諸佛 如上說塵數 護持其法藏 後當成正覺
各於十方國 悉同一名号 俱時坐道場 以證无上慧

皆名爲寶相　國土及弟子　正法與像法　悉等无有異
咸以諸神通　度十方衆生　名聞普周遍　漸入於涅槃
尒時學无學二千人聞佛授記歡喜踊躍而
說偈言
世尊慧燈明　我聞授記音　心歡喜充滿　如甘露見灌

妙法蓮華經法師品第十

尒時世尊因藥王菩薩告八万大士藥王汝見
是大衆中无量諸天龍王夜叉乾闥婆阿脩
羅迦樓羅緊那羅摩睺羅伽人與非人及比
丘比丘尼優婆塞優婆夷求聲聞者求辟
支佛者求佛道者如是等類咸於佛前聞妙
法華經一偈一句乃至一念隨喜者我皆與
授記當得阿耨多羅三藐三菩提佛告藥王

法華經一偈一句乃至一念隨喜者我皆與
授記當得阿耨多羅三藐三菩提佛告藥王
又如來滅度之後若有人聞妙法華經乃至
一偈一句一念隨喜者我亦與授阿耨多羅三
藐三菩提記若復有人受持讀誦解說書
寫妙法華經乃至一偈於此經卷敬視如佛
種種供養華香瓔珞抹香塗香燒香繒蓋
幢幡衣服伎樂乃至合掌恭敬藥王當知是
諸人等已曾供養十万億佛於諸佛所成就
大願愍衆生故生此人間藥王若有人問何等
衆生於未來世當得作佛應示是諸人等於未
來世必得作佛何以故若善男子善女人於
法華經乃至一句受持讀誦解說書寫種種
供養經卷華香瓔珞抹香塗香燒香繒蓋幢

幢幡衣服伎樂合掌恭敬是人一切世間所
應瞻奉應以如来供養而供養之當知此人
是大菩薩成就阿耨多羅三藐三菩提哀愍
衆生願生此間廣演分別妙法華經何況盡
能受持種種供養者藥王當知是人自捨清
淨業報於我滅度後愍衆生故生於惡世廣
演此經若是善男子善女人我滅度後能竊
為一人說法華經乃至一句當知是人則如来
使如来所遣行如来行何況於大衆中廣為人
說藥王若有惡人以不善心於一劫中現於
佛前常毀罵佛其罪尚輕若人以一惡言毀
呰在家出家讀誦法華經者其罪甚重藥
王其有讀誦法華經者當知是人以佛莊嚴

王其有讀誦法華經者當知是人以佛莊嚴
而自莊嚴則為如來肩所荷擔其所至方應
隨向礼一心合掌恭敬供養尊重讚歎華香
瓔珞抹香塗香燒香繒蓋幢幡衣服餚饌
作諸伎樂人中上供而供養之應持天寶而
以散之天上寶聚應以奉獻所以者何是人
歡喜說法須臾之聞即得究竟阿耨多羅三
藐三菩提故尒時世尊欲重宣此義而說偈言
若欲住佛道　成就自然智　常當懃供養　受持法華者
其有欲疾得　一切種智慧　當知佛所使　愍念諸眾生
諸有能受持　妙法華經者　捨於清淨土　愍眾故生此
當知如是人　自在所欲生　能於此惡世　廣說無上法
應以天華香　及天寶衣服　天上妙寶聚　供養說法者

吾滅後惡世　能持是經者　當合掌禮敬　如供養世尊
上饌衆甘美　及種種衣服　供養是佛子　冀得須臾聞
若能於後世　受持是經者　我遣在人中　行於如來事
若於一劫中　常懷不善心　作色而罵佛　獲无量重罪
其有誦讀持　是法華經者　須臾加惡言　其罪復過彼
有人求佛道　而於一劫中　合掌在我前　以无數偈讚
由是讚佛故　得无量功德　歎美持經者　其福復過彼
於十八億劫　以冣妙色聲　及與香味觸　供養持經者
如是供養已　若得須臾聞　則應自欣慶　我今獲大利
藥王今告汝　我所說諸經　而於此經中　法華冣第一
尒時佛復告藥王菩薩摩訶薩我所說經典
无量千万億已說今說當說而於其中此法華
經冣爲難信難解藥王此經是諸佛祕要之

經最爲難信難解藥王此經是諸佛祕要
之藏不可分布妄授與人諸佛世尊之所守
護從昔已來未曾顯說而此經者如來現在猶
多怨嫉況滅度後藥王當知如來滅後其能
書持讀誦供養爲他人說者如來則爲以衣
覆之又爲他方現在諸佛之所護念是人有
大信力及志願力諸善根力當知是人與如
來共宿則爲如來手摩其頭藥王在在處處
若說若讀若誦若書若經卷所住之處皆應
起七寶塔極令高廣嚴飾不須復安舍利所
以者何此中已有如來全身此塔應以一切華
香瓔珞繒蓋幢幡伎樂歌頌供養恭敬尊
重讚歎若有人得見此塔禮拜供養當知是

菩皆近阿耨多羅三藐三菩提藥王多有人
在家出家行菩薩道若不能得見聞讀誦書
持供養是法華經者當知是人未善行菩薩
道若有得聞是經典者乃能善行菩薩之道
其有衆生求佛道者若見若聞是法華經
聞已信解受持者當知是人得近阿耨多羅
三藐三菩提藥王譬如有人渴乏須水於彼高
原穿鑿求之猶見乾土知水尚遠施功不已
轉見濕土遂漸至泥其心決定知水必近菩薩
亦復如是若未聞未解未能脩習是法華經
當知是人去阿耨多羅三藐三菩提尚遠若
得聞解思惟脩習必知得近阿耨多羅三藐
三菩提所以者何一切菩薩阿耨多羅三藐三

得聞解思惟修習必知得近阿耨多羅三藐
三菩提所以者何一切菩薩阿耨多羅三藐三
菩提皆屬此經此經開方便門示真實相
是法華經藏深固幽遠无人能到今佛教化
成就菩薩而為開示藥王若有菩薩聞是法
華經驚疑怖畏當知是為新發意菩薩若
聲聞人聞是經驚疑怖畏當知是為增上慢
者藥王若有善男子善女人如來滅後欲為
四衆說是法華經者云何應說是善男子善
女人入如來室著如來衣坐如來座尒乃應為
四衆廣說斯經如來室者一切衆生中大慈
悲心是如來衣者柔和忍辱心是如來座者
一切法空是安住是中然後以不懈怠心為

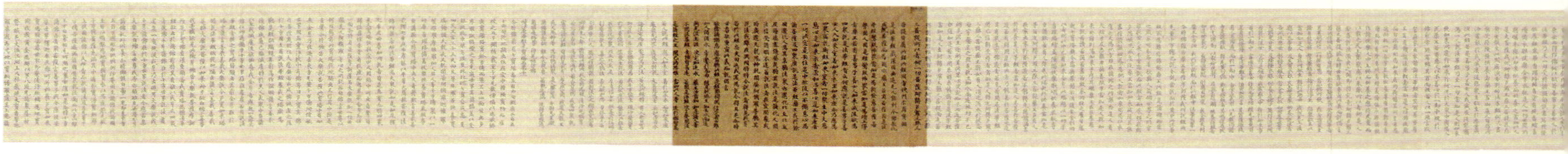

諸菩薩及四衆廣説是法華經藥王我於餘
國遣化人為其集聽法衆亦遣化比丘比丘
尼優婆塞優婆夷聽其説法是諸化人聞
法信受隨順不逆若説法者在空閑處我
時廣遣天龍鬼神乾闥婆阿脩羅等聽其
説法我雖在異國時時令説法者得見我身
若於此經忘失句逗我還為説令得具足尒時
世尊欲重宣此義而説偈言
欲捨諸懈怠　應當聽此經　是經難得聞　信受者亦難
如人渴須水　穿鑿於高原　猶見乾燥土　知去水尚遠
漸見濕土泥　決定知近水　藥王汝當知　如是諸人等
不聞法華經　去佛智甚遠　若聞是深經　決了聲聞法
是諸經之王　聞已諦思惟　當知此人等　近於佛智慧

是諸經之王　聞已諦思惟　當知此人等　近於佛智慧
若人說此經　應入如來室　著於如來衣　而坐如來座
處衆无所畏　廣爲分別說　大慈悲爲室　柔和忍辱衣
諸法空爲座　處此爲說法　若說此經時　有人惡口罵
加刀杖瓦石　念佛故應忍　我千万億土　現淨堅固身
於无量億劫　爲衆生說法　若我滅度後　能說此經者
我遣化四衆　比丘比丘尼　及清信士女　供養於法師
引導諸衆生　集之令聽法　若人欲加惡　刀杖及瓦石
則遣變化人　爲之作衛護　若說法之人　獨在空閑處
寂漠无人聲　讀誦此經典　我尒時爲現　清淨光明身
若忘失章句　爲說令通利　若人具是德　或爲四衆說
空處讀誦經　皆得見我身　若人在空閑　我遣天龍王

夜叉鬼神等　為作聽法眾　是人樂說法　分別无罣礙
諸佛護念故　能令大眾喜　若親近法師　速得菩薩道
隨順是師學　得見恒沙佛

妙法蓮華經見寶塔品第十一

尒時佛前有七寶塔高五百由旬縱廣二百五
十由旬從地踊出住在空中種種寶物而莊
校之五千欄楯龕室千万无數幢幡以為嚴飾
垂寶瓔珞寶鈴万億而懸其上四面皆出多
摩羅跋栴檀之香充遍世界其諸幡蓋以金
銀琉璃車𤦲馬瑙真珠玫瑰七寶合成高至
四天王宮三十三天雨天曼陀羅華供養寶
塔餘諸天龍夜叉乾闥婆阿脩羅迦樓羅
緊那羅摩睺羅伽人非人等千万億眾以一

塔餘諸天龍夜叉乾闥婆阿修羅迦樓羅
緊那羅摩睺羅伽人非人等千万億衆以一
切華香瓔珞幡蓋伎樂供養寶塔恭敬尊
重讚歎尒時寶塔中出大音聲歎言善哉善
哉釋迦牟尼世尊能以平等大慧教菩薩法
佛所護念妙法華經爲大衆説如是如是釋
迦牟尼世尊如所説者皆是真實尒時四衆
見大寶塔住在空中又聞塔中所出音聲皆
得法喜恠未曾有從座而起恭敬合掌却住
一面尒時有菩薩摩訶薩名大樂説知一切世
間天人阿脩羅等心之所疑而白佛言世尊以
何因緣有此寶塔從地踊出又於其中發是
音聲尒時佛告大樂説菩薩此寶塔中有如

來全身乃往過去東方無量千万億阿僧祇
世界國名寶淨彼中有佛号曰多寶其佛
行菩薩道時作大誓願若我成佛滅度之後
於十方國土有說法華經處我之塔廟為
聽是經故踊現其前為作證明讚言善哉
彼佛成道已臨滅度時於天人大眾中告諸
比丘我滅度後欲供養我全身者應起一大塔其
佛以神通願力十方世界在在處處若有說法
華經者彼之寶塔皆踊出其前全身在於
塔中讚言善哉善哉大樂說今多寶如來塔
聞說法華經故從地踊出讚言善哉善哉
是時大樂說菩薩以如來神力故白佛言世尊
我等願欲見此佛身佛告大樂說菩薩摩訶

我等願欲見此佛身佛告大樂說菩薩摩訶
薩是多寶佛有深重願若我寶塔爲聽法華
經故出於諸佛前時其有欲以我身示四衆
者彼佛分身諸佛在於十方世界說法盡
還集一處然後我身乃出現耳大樂說我
分身諸佛在於十方世界說法者今應當集
大樂說白佛言世尊我等亦願欲見世尊分身
諸佛禮拜供養尒時佛放白毫一光即見東方
五百万億那由他恒河沙等國土諸佛彼諸國
土皆以頗梨爲地寶樹寶衣以爲莊嚴无數
千万億菩薩充滿其中遍張寶幔寶網羅
上彼國諸佛以大妙音而說諸法及見无量千
万億菩薩遍滿諸國爲衆說法南西北方四維

上下白豪相光所照之處亦復如是尒時十方
諸佛各告衆菩薩言善男子我今應往娑
婆世界釋迦牟尼佛所并供養多寶如來
寶塔時娑婆世界即變清淨琉璃為地寶
樹莊嚴黃金為繩以界八道无諸聚落村
營城邑大海江河山川林藪燒大寶香曼陀
羅華遍布其地以寶網幔羅覆其上懸諸
寶鈴唯留此會衆移諸天人置於他土是時
諸佛各將一大菩薩以為侍者至娑婆世界各
到寶樹下一一寶樹高五百由旬枝葉華菓
次第莊嚴諸寶樹下皆有師子之座高五由
旬亦以大寶而校飾之尒時諸佛各於此座結
加趺坐如是展轉遍滿三千大千世界而於釋

跏趺坐如是展轉遍滿三千大世界而於釋
迦牟尼佛一方所分之身猶故未盡時釋迦
牟尼佛欲容受所分身諸佛故八方各更變
二百万億那由他國皆令清淨无有地獄餓
鬼畜生及阿脩羅又移諸天人置於他土所
化之國亦以琉璃為地寶樹莊嚴樹高五百
由旬枝葉華菓次第嚴飾樹下皆有寶師
子座高五由旬種種諸寶以為莊校亦无大
海江河及目真隣陀山摩訶目真隣陀山鐵
圍山大鐵圍山須弥山等諸山王通為一佛國
土寶地平正寶交露幔遍覆其上懸諸幡蓋
燒大寶香諸天寶華遍布其地釋迦牟尼
佛為諸佛當來坐故復於八方各更變二百

万億那由他國皆令清淨无有地獄餓鬼畜
生及阿脩羅又移諸天人置於他土所化之國
亦以琉璃為地寶樹莊嚴樹高五百由旬枝
葉華菓次第莊嚴樹下皆有寶師子座高
五由旬亦以大寶而校餝之亦无大海江河及
目真隣陁山摩訶目真隣陁山鐵圍山大鐵
圍山須弥山等諸山王通為一佛國土寶地平
正寶交露幔遍覆其上懸諸幡蓋燒大寶
香諸天寶華遍布其地尒時東方釋迦牟尼
所分之身百千万億那由他恒河沙等國土中
諸佛各各說法來集於此如是次第十方諸佛
皆悉來集坐於八方尒時一一方四百万億那由
他國土諸佛如來遍滿其中是時諸佛各在

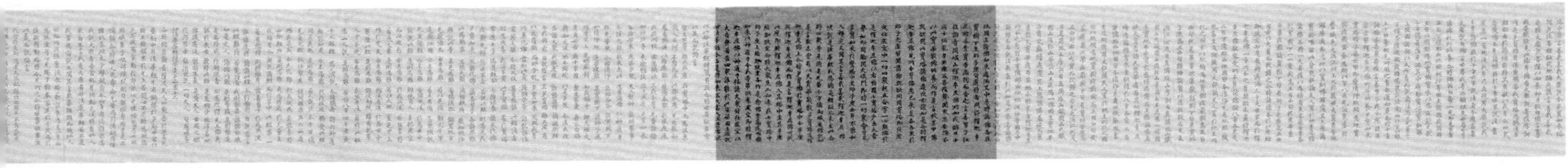

皆悉來集坐於八方爾時一一方四百萬億那由
他國土諸佛如來遍滿其中是時諸佛各在
寶樹下坐師子座皆遣侍者問訊釋迦牟
尼佛各賫寶華滿掬而告之言善男子汝
往詣耆闍崛山釋迦牟尼佛所如我辭曰少
病少惱氣力安樂及菩薩聲聞衆悉安隱不
以此寶華散佛供養而作是言彼某甲佛
與欲開此寶塔諸佛遣使亦復如是爾時釋
迦牟尼佛見所分身佛悉已來集各各坐於
師子之座皆聞諸佛與欲同開寶塔即從座
起住虛空中一切四衆起立合掌一心觀佛於
是釋迦牟尼佛以右指開七寶塔戶出大音
聲如却關鑰開大城門即時一切衆會皆見

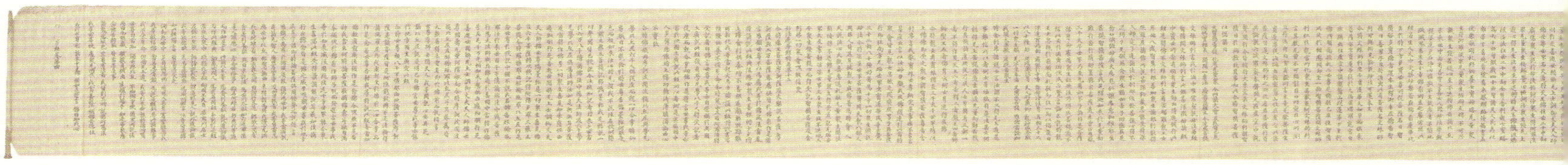

寶如来於寶塔中坐師子座全身不散如
入禪定又聞其言善哉善哉釋迦牟尼佛
快說是法華經我為聽是經故而来至此尒
時四衆等見過去无量千万億劫滅度佛說如
是言歎未曾有以天寶華聚散多寶佛及釋
迦牟尼佛上尒時多寶佛於寶塔中分半座
與釋迦牟尼佛而作是言釋迦牟尼佛可就
此座即時釋迦牟尼佛入其塔中坐其半座
結加趺坐尒時大衆見二如来在七寶塔中
師子座上結加趺坐各作是念佛坐高遠唯願
如来以神通力令我等輩俱處虛空即時釋
迦牟尼佛以神通力接諸大衆皆在虛空以
大音聲普告四衆誰能於此娑婆國土廣說
妙法華經今正是時如来不久當入涅槃佛欲

大音聲普告四衆誰能於此娑婆國土廣說
妙法華經今正是時如来不久當入涅槃佛欲
以此妙法華經付囑有在尒時世尊欲重宣
此義而說偈言
聖主世尊　雖久滅度　在寶塔中　尚為法来
諸人云何　不懃為法　此佛滅度　无央數劫
處處聽法　以難遇故　彼佛本願　我滅度後
在在所往　常為聽法　又我分身　无量諸佛
如恒沙等　来欲聽法　及見滅度　多寶如来
各捨妙土　及弟子衆　天人龍神　諸供養事
令法久住　故来至此　為坐諸佛　以神通力
移无量衆　令國清淨　諸佛各各　詣寶樹下
如清淨池　蓮華莊嚴　其寶樹下　諸師子座

佛坐其上　光明嚴飾　如夜闇中　燃大炬火
身出妙音　遍十方國　衆生蒙薰　喜不自勝
譬如大風　吹小樹枝　以是方便　令法久住
告諸大衆　我滅度後　誰能護持　讀誦斯經
今於佛前　自說誓言　其多寶佛　雖久滅度
以大誓願　而師子吼　多寶如来　及與我身
所集化佛　當知此意　諸佛子等　誰能護法
當發大願　令得久住　其有能護　此經法者
則爲供養　我及多寶　此多寶佛　處於寶塔
常遊十方　爲是經故　亦復供養　諸来化佛
莊嚴光飾　諸世界者　若說此經　則爲見我
多寶如来　及諸化佛　諸善男子　各諦思惟
此爲難事　宜發大願　諸餘經典　數如恒沙
雖說此等　未足爲難　若接須彌　擲置他方

BD00082　妙法蓮華經卷四

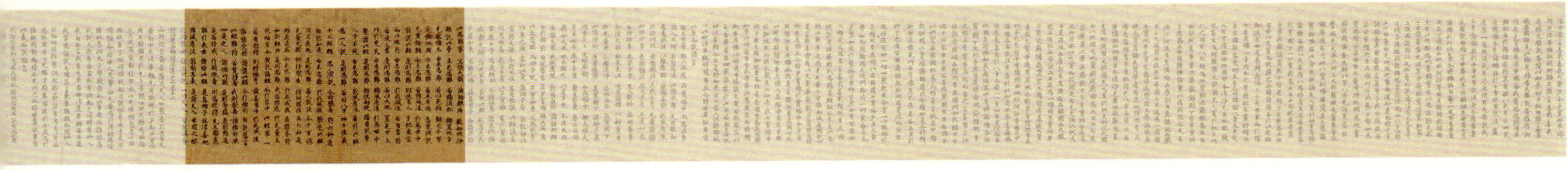

此為難事　宜發大願　諸餘經典　數如恒沙
雖說此等　未足為難　若接須彌　擲置他方
无數佛土　亦未為難　若以足指　動大千界
遠擲他國　亦未為難　若立有頂　為衆演說
无量餘經　亦未為難　若佛滅後　於惡世中
能說此經　是則為難　假使有人　手把虛空
而以遊行　亦未為難　於我滅後　若自書持
若使人書　是則為難　若以大地　置足甲上
昇於梵天　亦未為難　佛滅度後　於惡世中
暫讀此經　是則為難　假使劫燒　擔負乾草
入中不燒　亦未為難　我滅度後　若持此經
為一人說　是則為難　若持八万　四千法藏
十二部經　為人演說　令諸聽者　得六神通

雖能如是 亦未為難 於我滅後 聽受此經
問其義趣 是則為難 若人說法 令千万億
无量无數 恒沙衆生 得阿羅漢 具六神通
雖有是益 亦未為難 於我滅後 若能奉持
如斯經典 是則為難 我為佛道 於无量土
從始至今 廣說諸經 而於其中 此經弟一
若有能持 則持佛身 諸善男子 於我滅後
誰能受持 讀誦此經 今於佛前 自說誓言
此經難持 若暫持者 我則歡喜 諸佛亦然
如是之人 諸佛所歎 是則勇猛 是則精進
是名持戒 行頭陀者 則為疾得 无上佛道
能於來世 讀持此經 是真佛子 住淳善地
佛滅度後 能解其義 是諸天人 世間之眼
於恐畏世 能須臾說 一切天人 皆應供養

佛滅度後　能解其義　是諸天人　世間之眼
於恐畏世　能須臾說　一切天人　皆應供養
妙法蓮華經提婆達多品第十二
尒時佛告諸菩薩及天人四衆吾於過去无
量劫中求法華經无有懈惓於多劫中常作
國王發願求於无上菩提心不退轉為欲滿
足六波羅蜜勤行布施心无悋惜象馬七珎
國城妻子奴婢僕從頭目髓腦身肉手足不
惜軀命時世人民壽命无量為於法故捐捨
國位委政太子擊鼓宣令四方求法誰能為
我說大乘者吾當終身供給走使時有仙人
來白王言我有大乘名妙法蓮華經若不違
我當為宣說王聞其言歡喜踊躍即隨仙人

供給所須採菓汲水拾薪設食乃至以身而
為林座身心无惓于時奉事逕於千歲為於
法故精勤給侍令无所乏尒時世尊欲重宣
此義而說偈言
我念過去劫　為求大法故　雖作世國王　不貪五欲樂
搥鍾告四方　誰有大法者　若為我解說　身當為奴僕
時有阿私仙　来白於大王　我有微妙法　世間所希有
若能脩行者　吾當為汝說　時王聞仙言　心生大喜悅
即便隨仙人　供給於所須　採薪及菓蓏　隨時恭敬與
情存妙法故　身心无懈惓　普為諸衆生　勤求於大法
亦不為己身　及以五欲樂　故為大國王　勤求獲此法
遂致得成佛　今故為汝說
佛告諸比丘尒時王者則我身是時仙人者今

道至得成佛[illegible]
佛告諸比丘尒時王者則我身是時仙人者今
提婆達多是由提婆達多善知識故令我具
足六波羅蜜慈悲喜捨三十二相八十種好紫
磨金色十力四无所畏四攝法十八不共神通
道力成等正覺廣度衆生皆因提婆達多
善知識故告諸四衆提婆達多却後過无
量劫當得成佛号曰天王如來應供正遍知
明行足善逝世間解无上士調御丈夫天人師
佛世尊世界名天道時天王佛住世二十中劫
廣為衆生說於妙法恒河沙衆生得阿羅漢
果无量衆生發緣覺心恒河沙衆生發无上
道心得无生法忍至不退轉時天王佛般涅槃
後正法住世二十中劫全身舍利起七寶塔

高六十由旬縱廣四十由旬諸天人民悉以
雜華末香燒香塗香衣服瓔珞幢幡寶蓋
伎樂歌頌礼拜供養七寶妙塔无量衆
生得阿羅漢果无量衆生悟辟支佛不可思
議衆生發菩提心至不退轉佛告諸比丘
未来世中若有善男子善女人聞妙法華經
提婆達多品淨心信敬不生疑惑者不墮地
獄餓鬼畜生生十方佛前所生之處常聞此
經若生人天中受勝妙樂若在佛前蓮華化
生於時下方多寶世尊所從菩薩名曰智
積啓多寶佛當還本土釋迦牟尼佛告智
積曰善男子且待須臾此有菩薩名文殊師
利可與相見論說妙法可還本土
爾時文殊師利坐千葉蓮華大如車輪俱來

利可與相見論說妙法可還本土
尒時文殊師利坐千葉蓮華大如車輪俱来
菩薩亦坐寶蓮華從於大海娑竭羅龍宮自
然踊出住虛空中詣靈鷲山從蓮華下至於
佛所頭面敬礼二世尊足脩敬已畢往智積
所共於相慰問却坐一面智積菩薩問文殊師
利仁往龍宮所化衆生其數幾何文殊師利
言其數无量不可稱計非口所宣非心所測
且待須臾自當有證所言未竟无數菩薩坐
寶蓮華從海踊出詣靈鷲山住在虛空此諸
菩薩皆是文殊師利之所化度具菩薩行皆
共論說六波羅蜜本聲聞人在虛空中說
聲聞行今皆脩行大乘空義文殊師利謂智

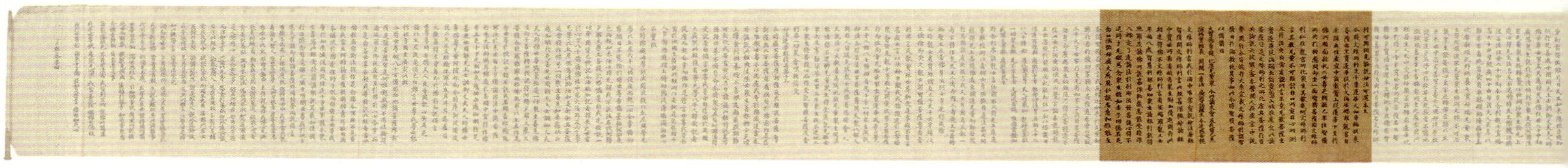

積曰於海教化其事如此尒時智積菩薩
以偈讚曰
大智德勇健　化度无量衆　今此諸大會　及我皆已見
演暢實相義　開闡一乘法　廣導諸群生　令速成菩提
文殊師利言我於海中唯常宣說妙法華經
智積問文殊師利言此經甚深微妙諸經
中寶世所希有頗有衆生勤加精進脩行此
經速得佛不文殊師利言有娑竭羅龍王女
年始八歲智慧利根善知衆生諸根利鈍得
陁羅尼諸佛所說甚深秘藏悉能受持深
入禪定了達諸法於剎那須發菩提心得不
退辯才无礙慈念衆生猶如赤子功德具足
念口演微妙廣大慈悲仁讓志意和雅能至

念口演微妙廣大慈悲仁讓志意和雅能至
菩提智積菩薩言我見釋迦如来於无量劫
難行苦行積功累德求菩薩道未曾止息觀
三千大千世界乃至无有如芥子許非是菩薩
捨身命處為衆生故然後乃得成菩提道不
信此女於須臾頃便成正覺言論未訖時龍
王女忽現於前頭面禮敬却住一面以偈讃曰

深達罪福相　遍照於十方　微妙淨法身　具相三十二
以八十種好　用莊嚴法身　天人所戴仰　龍神咸恭敬
一切衆生類　无不宗奉者　又聞成菩提　唯佛當證知
我闡大乘教　度脫苦衆生

時舍利弗語龍女言汝謂不久得无上道是
事難信所以者何女身垢穢非是法器云何

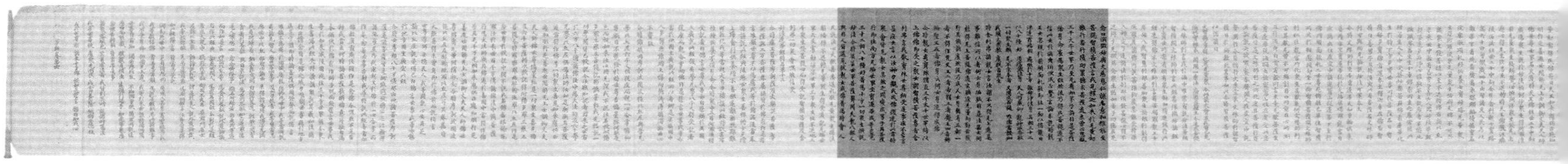

能得无上菩提佛道懸曠逕无量劫勤苦積
行具脩諸度然後乃成又女身猶有五鄣一
者不得作梵天王二者帝釋三者魔王四者轉
輪聖王五者佛身云何女身速得成佛
尒時龍女有寶珠價直三千大千世界持以
上佛佛即受之龍女謂智積菩薩尊者舍
利弗言我獻寶珠世尊納受是事疾不荅言
甚疾女言以汝神力觀我成佛復速於此當時
衆會皆見龍女忽然之間變成男子具菩薩
行即往南方无垢世界坐寶蓮華成等正覺
三十二相八十種好普為十方一切衆生演說
妙法尒時娑婆世界菩薩聲聞天龍八部人
與非人皆遥見彼龍女成佛普為時會人

妙法尒時娑婆世界菩薩聲聞天龍八部人
與非人皆遥見彼龍女成佛普為時會人
天說法心大歡喜悉遥礼敬无量衆生聞法
解悟得不退轉无量衆生得受道記无垢世
界六反震動娑婆世界三千衆生住不退地三
千衆生發菩提心而得受記智積菩薩及舍
利弗一切衆會嘿然信受

妙法蓮華經持品第十三

尒時藥王菩薩摩訶薩及大樂說菩薩摩
訶薩與二万菩薩眷屬俱皆於佛前作是誓
言唯願世尊不以為慮我等於佛滅後當奉
持讀誦說此經典後惡世衆生善根轉少多增
上慢貪利供養增不善根遠離解脫難
可教化我等當起大忍力讀誦此經持說書寫

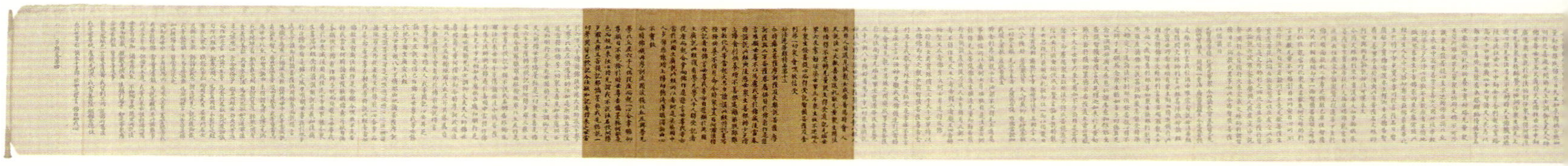

種種供養不惜身命尒時衆中五百阿羅漢得
受記者白佛言世尊我等亦自誓願於異國
土廣說此經復有學无學八千人得受記者
從座而起合掌向佛作是誓言世尊我等亦
當於他國土廣說此經所以者何是娑婆國中
人多弊惡懷增上慢功德淺薄瞋濁諂曲心
不實故
尒時佛姨母摩訶波闍波提比丘尼與學无
學比丘尼六千人俱從座而起一心合掌瞻仰
尊顏目不暫捨於時世尊告憍曇弥何故憂
色而視如來汝心將无謂我不說汝名授阿耨
多羅三藐三菩提記耶憍曇弥我先搃說一
切聲聞皆已授記今汝欲知記者將來之世當

切聲聞皆已授記今汝欲知記者將来之世當
於六万八千億諸佛法中為大法師及六千學
无學比丘尼俱為法師汝如是漸漸具菩薩
道當得作佛号一切衆生喜見如来應供正
遍知明行足善逝世間解无上士調御丈夫
天人師佛世尊憍曇弥是一切衆生喜見佛
及六千菩薩轉次授記得阿耨多羅三藐三
菩提尒時羅睺羅母耶輸陁羅比丘尼作是
念世尊於授記中獨不說我名佛告耶輸陁
羅汝於来世百千万億諸佛法中脩菩薩
行為大法師漸具佛道於善國中當得作佛
号具足千万光相如来應供正遍知明行足
善逝世間解无上士調御丈夫天人師佛世

尊佛壽無量阿僧祇劫尒時摩訶波闍波
提比丘尼及耶輸陀羅比丘尼并其眷屬皆
大歡喜得未曾有即於佛前而說偈言
世尊導師　安隱天人　我等聞記　心安具足
諸比丘尼說是偈已白佛言世尊我等亦能
於他方國土廣宣此經
尒時世尊視八十萬億那由他諸菩薩摩訶
薩是諸菩薩皆是阿惟越致轉不退法輪得
諸陀羅尼即從座起至於佛前一心合掌而
作是念若世尊告勅我等持說此經者當如
佛教廣宣斯法復作是念佛今嘿然不見告
勅我當云何時諸菩薩敬順佛意并欲自滿
本願便於佛前作師子吼而發誓言世尊我
等於如來滅後周旋往返十方世界能令眾

本願便於佛前作師子吼而發誓言世尊我
等於如來滅後周旋往返十方世界能令衆
生書寫此經受持讀誦解說其義如法脩
行正憶念皆是佛之威力唯願世尊在於他方
遙見守護即時諸菩薩俱同發聲而說偈言
唯願不為慮 於佛滅度後 恐怖惡世中 我等當廣說
有諸无智人 惡口罵詈等 及加刀杖者 我等皆當忍
惡世中比丘 邪智心謟曲 未得謂為得 我慢心充滿
或有阿練若 納衣在空閑 自謂行真道 輕賤人間者
貪著利養故 與白衣說法 為世所恭敬 如六通羅漢
是人懷惡心 常念世俗事 假名阿練若 好出我等過
而作如是言 此諸比丘等 為貪利養故 說外道論議
自作此經典 誑惑世間人 為求名聞故 分別於是經
常在大衆中 欲毀我等故 向國王大臣 婆羅門居士

及餘比丘衆　誹謗說我惡　謂是邪見人　說外道論議
我等敬佛故　悉忍是諸惡　為斯所輕言　汝等皆是佛
如此輕慢言　皆當忍受之
濁劫惡世中　多有諸恐怖　惡鬼入其身　罵詈毀辱我
我等敬信佛　當著忍辱鎧　為說是經故　忍此諸難事
我不愛身命　但惜无上道　我等於來世　護持佛所囑
世尊自當知　濁世惡比丘　不知佛方便　隨宜所說法
惡口而顰蹙　數數見擯出　遠離於塔寺　如是等衆惡
念佛告勅故　皆當忍是事
諸聚落城邑　其有求法者　我皆到其所　說佛所囑法
我是世尊使　處衆无所畏　我當善說法　願佛安隱住
我於世尊前　諸來十方佛　發如是誓言　佛自知我心

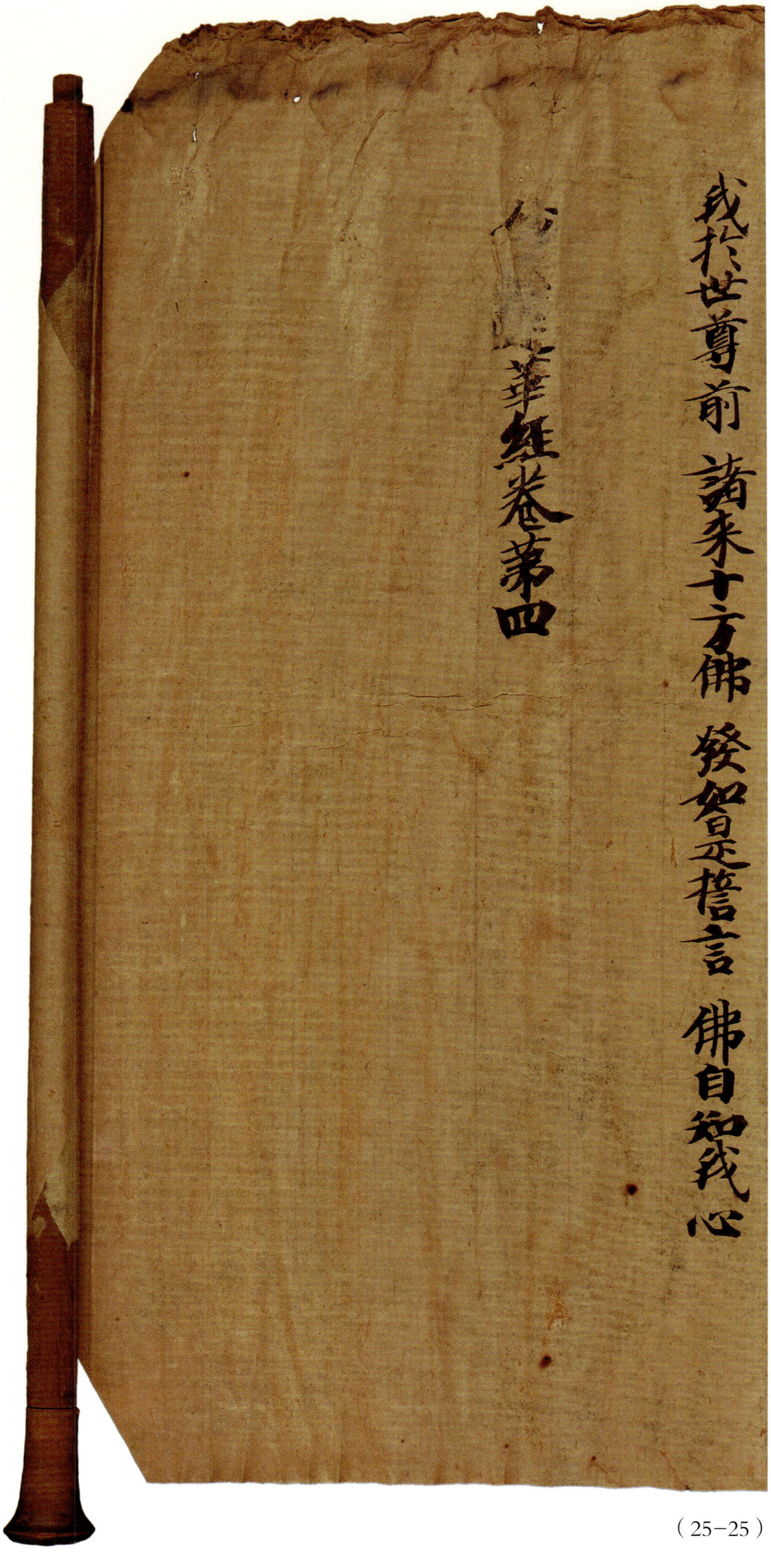

我於世尊前　諸來十方佛　發如是誓言　佛自知我心

[illegible]華經卷第四

BD00083 維摩詰所說經卷中

（後秦）鳩摩羅什 譯

250cm × 25.5cm

有何者
有病若衆生得離病
无復病譬如長者唯有一子其子得病
亦病若子病愈父母亦愈菩薩如是於諸衆
生愛之若子衆生病則菩薩病衆生
薩亦愈又言是病何所因起菩薩病者以
起文殊師利言居士此室何以空无侍者維
摩詰言諸佛國土亦復皆空又問以何為空
答曰以空空又問空何用空答曰以无分別空
故空又問空可分別耶答曰分別亦空又問空
當於何求答曰當於六十二見中求又問六
十二見當於何求答曰當於諸佛解脫中
求又問諸佛解脫當於何求答曰當於一
切衆生心行中求又仁所問何无侍者一切

身魔及諸外道皆吾侍也所以者何衆魔
者樂生死菩薩於生死而不捨外道者樂
諸見菩薩於諸見而不動文殊師利言居士
所疾爲何等相維摩詰言我病无形不可見
又問此病身合耶心合耶荅曰非身合身相
離故亦非心合心如幻故又問地大水大火大
風大於此四大何大之病荅曰是病非地大亦
不離地大水火風大亦復如是而衆生病從四
大起以其有病是故我病
尒時文殊師利問維摩詰言菩薩云何慰喻
有疾菩薩維摩詰言說身无常不說猒離於
身說身有苦不說樂於涅槃說身无我而說
教導衆生說身空寂不說畢竟寂滅說悔
先罪而不說入於過去以己之疾愍於彼疾

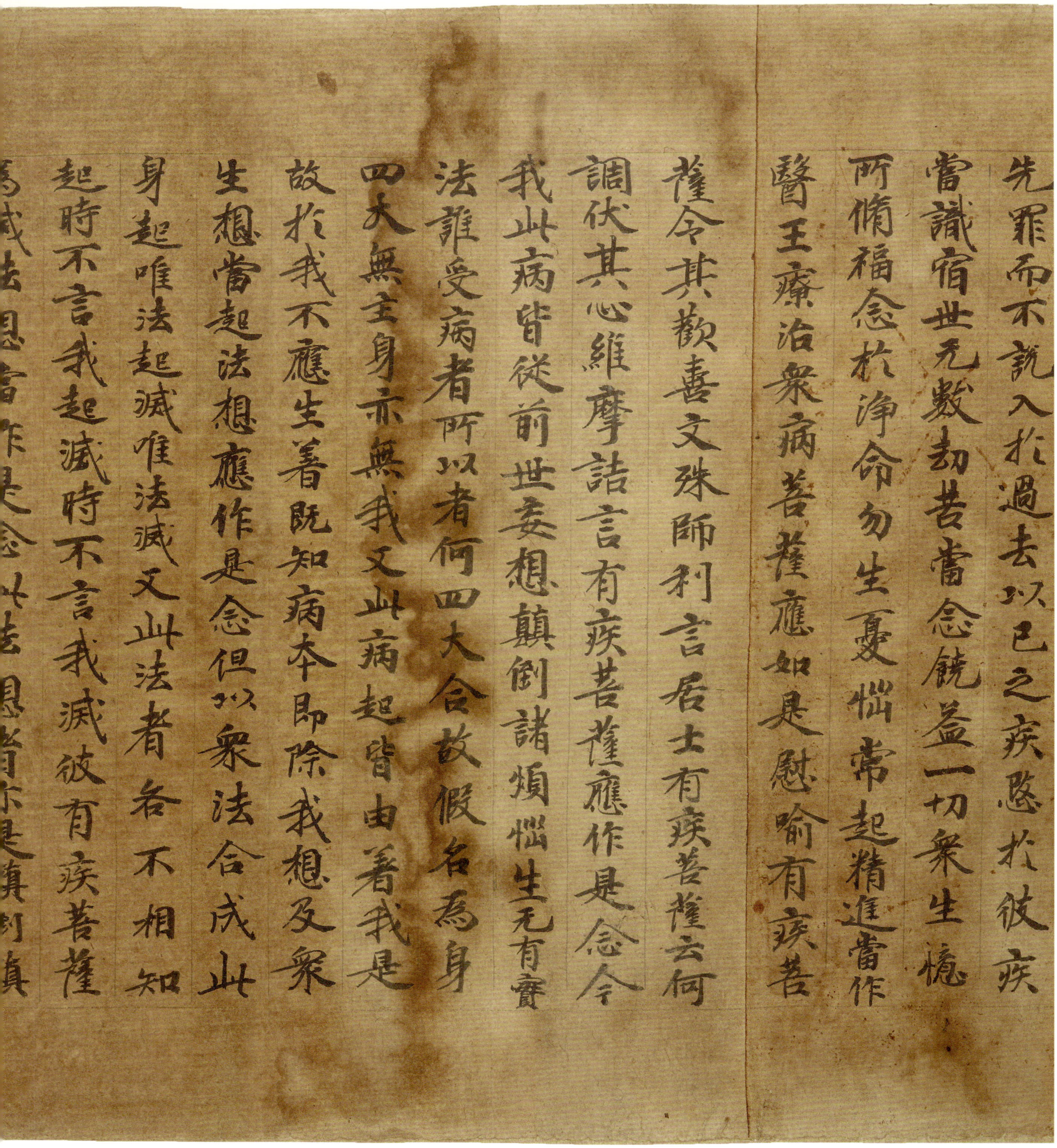

先罪而不說入於過去以已之疾愍於彼疾
當識宿世无數劫苦當念饒益一切衆生憶
所脩福念於淨命勿生憂惱常起精進當作
醫王療治衆病菩薩應如是慰喻有疾菩
薩令其歡喜文殊師利言居士有疾菩薩云何
調伏其心維摩詰言有疾菩薩應作是念今
我此病皆從前世妄想顛倒諸煩惱生无有實
法誰受病者所以者何四大合故假名為身
四大無主身亦無我又此病起皆由著我是
故於我不應生著既知病本即除我想及衆
生想當起法想應作是念但以衆法合成此
身起唯法起滅唯法滅又此法者各不相知
起時不言我起滅時不言我滅彼有疾菩薩
為滅法想當作是念此法想者亦是顛倒顛

倒者是即大患我應離之云何為離離我我
所云何離我我所謂離二法云何離二法謂
不念內外諸法行於平等云何平等謂我等
涅槃等所以者何我及涅槃此二皆空以何
為空但以名字故空如此二法无決定性得
是平等无有餘病唯有空病空病亦空是有
疾菩薩以无所受而受諸受未具佛法亦不
滅受而取證也設身有苦念惡趣衆生起大
悲心我既調伏亦當調伏一切衆生但除其
病而不除法為斷病本而教導之何謂病本
謂有攀縁從有攀縁則為病本何所攀縁謂
之三界云何斷攀縁以无所得若无所得則无
攀縁何謂无所得謂二見何謂二見謂內見
外見是无所得文殊師利是名有疾菩薩調

外見是无所得文殊師利是名有疾菩薩調
伏其心為斷老病死苦是名菩薩菩提若不
如是已所脩治為无慧利譬如勝怨乃可為
勇如是兼除老病死者菩薩之謂也彼有疾
菩薩應復作是念如我此病非真非有衆生
病亦非真非有作是觀時於諸衆生若起
愛見大悲即應捨離所以者何菩薩斷除客
塵煩惱而起大悲愛見悲者則於生死有疲
厭心若能離此无有疲厭在在所生不為愛
見之所覆也所生无縛能為衆生說法解縛
如佛所說若自有縛能解彼縛无有是處若
自无縛能解彼縛斯有是處是故菩薩不應
起縛何謂縛何謂解貪著禪味是菩薩縛
以方便生是菩薩解又无方便慧縛有方便

慧解无慧无便縛有慧无便解何謂无方便
慧縛謂菩薩以愛見心莊嚴佛土成就衆生
於空无相无作法中而自調伏是名无方便
慧縛何謂有方便慧解謂不以愛見心莊嚴
佛土成就衆生於空无相无作法中以自調
伏而不疲猒是名有方便慧解何謂无慧方
便縛謂菩薩住貪欲瞋恚邪見等諸煩惱而
殖衆德本是名无慧方便縛何謂有慧方便
解謂離諸貪欲瞋恚邪見等諸煩惱而殖衆
德本迴向阿耨多羅三藐三菩提是名有慧方
便解文殊師利彼有疾菩薩應如是觀諸法
又復觀身无常苦空非我是名爲慧雖身有
疾常在生死饒益一切而不猒惓是名方便
又復身身不離病病不離身是病是身非新

又復身身不離病病不離身是病是身非新
非故是名爲慧設身有疾而不永滅是
名方便文殊師利有疾菩薩應如是調伏其
心不住其中亦復不住不調伏心所以者何若
住不調伏心是愚人法若住調伏心是聲聞法
是故菩薩不當住於調伏不調伏心離此二
法是菩薩行在於生死不爲汙行住於涅
槃不永滅度是菩薩行非凡夫行非賢聖行
是菩薩行非垢行非淨行是菩薩行雖過魔
行而現降伏衆魔是菩薩行求一切智无非時
求是菩薩行雖觀諸法不生而不入正位是
菩薩行雖觀十二緣起而入諸邪見是菩薩
行雖攝一切衆生而不愛著是菩薩行雖樂
遠離而不依身心盡是菩薩行雖行三界而

不壞法性是菩薩行雖行空而殖衆徳本
是菩薩行雖行无相而度衆生是菩薩行雖
行无作而現受身是菩薩行雖行无起而起
一切善行是菩薩行雖行六波羅蜜而遍知衆
生心心數法是菩薩行雖行六通而不盡漏
是菩薩行雖行四无量心而不貪著生於梵
世是菩薩行雖行禪定解脫三昧而不隨禪
生是菩薩行雖行四念處而不永離身受心
法是菩薩行雖行四正勤而不捨身心精進是菩
薩行雖行四如意足而得自在神通是
菩薩行雖行五根而分別衆生諸根利鈍是
菩薩行雖行五力而樂求佛十力是菩薩行
雖行七覺分而分別佛之智慧是菩薩行雖
行八聖道而樂行无量佛道是菩薩行雖行

行八聖道而樂行无量佛道是菩薩行雖行
心觀助道之法而不畢竟隨於寂滅是菩薩
行雖行諸法不生不滅而以相好莊嚴其身
是菩薩行雖現聲聞辟支佛威儀而不捨
佛法是菩薩行雖隨諸法究竟淨相而隨所應
為現其身是菩薩行雖行觀諸佛国土永寂如
空而現種種清淨佛土是菩薩行雖得佛道
轉于法輪入於涅槃而不捨於菩薩之道是菩
薩行說是法時文殊師利所將大衆其中
八千天子皆發阿耨多羅三藐三菩提心
維摩詰經不思議品第六
尒時舍利弗見此室中无有牀座作是念斯
諸菩薩大弟子衆當於何坐長者維摩詰知
其意語舍利弗言云何仁者為法來耶求牀

座耳舍利弗言我為法來非為牀座維摩詰
言唯舍利弗夫求法者不貪軀命何况牀座
夫求法者非有色受想行識之求非有界入
之求非有欲色无色之求唯舍利弗夫求法
者不著佛求不著法求不著衆求夫求法
者无見苦求无斷集求无造盡證脩道之求
所以者何法无戲論若言我當見苦斷集滅
證脩道是則戲論非求法也唯舍利弗法名
寂滅若行生滅是求生滅非求法也法名无
染若染於法乃至涅槃是則染著非求法也法
无行處若行於法是則行處非求法也法无
取捨若取捨法是則取捨非求法也法无處
所若著處所是則著處非求法也法名无相
若隨相識是則求相非求法也法不可住若

若隨相識是則求相非求法也法不可住若
住於法是則住法非求法也法不可見聞覺
知若行見聞覺知是則見聞覺知非求法也
法名无爲若行有爲是求有爲非求法也是
故舍利弗夫求法者於一切法應无所求説
是語時五百天子於諸法中得法眼淨
尒時長者維摩詰問文殊師利仁者遊於无
量千万億阿僧祇國何等佛土有好上妙功

BD00084 賢劫十方千五百佛名經卷上

778.5cm × 26.8cm

[illegible]音聲佛
白
南无常悲佛
南无栴檀香佛
南无上嚴佛
南无寶蓋佛
南无无邊自在力佛
南无安王佛
南无雜華佛
南无求利世佛
南无无邊自在力佛
南无[illegible]音自在佛

南无[illegible]
南无旃[illegible]
南无常善德
南无寶華
南无蓮華生德
南无如須弥佛
南无華最高德佛
南无香象佛
南无不虛稱佛
南无不思議功德明佛
南无藥王佛
南无无邊心行佛
南无无邊眼佛
南无无邊[illegible]自在[illegible]王佛

南无上香德佛
南无虛空德佛
南无撚高行佛
南无作方所佛
南无撚高弥樓佛
南无无㝵眼佛
南无娑伽羅佛
南无須弥肩佛
南无善安王佛
南无上衆嚴佛
南无三同号上衆佛
南无空性佛
南无名聞力王佛
南无放光佛
南无離垢佛
南无離華香佛
南无无相音佛
南无離怖畏佛
南无无㝵眼佛
南无旃檀香佛
南无大聲眼佛
南无寶積佛
南无香烏王佛
南无一華善佛
南无二同号弥樓肩佛
南无網明佛
南无寶華德佛
南无智華寶明德佛

BD00084　賢劫十方千五百佛名經卷上

南无二同号彌樓肩佛
南无寶華德佛
南无增十光佛
南无智光佛
南无滅諸怖畏佛
南无无㝵智佛
南无寶意佛
南无无邊陳佛
南无智住佛
南无釋迦文佛
南无調御佛
南无寶婆羅佛
南无德王佛
南无流布王佛

南无[illegible]明佛
南无智華寶明德佛
南无增千光佛
南无智出光佛
南无无邊光明佛
南无網光佛
南无善出光佛
南无无邊自在佛
南无優波羅德佛
南无智流布佛
南无婆羅寶王佛
南无寶行列佛
南无不虛稱王佛
南无不[illegible]佛

南无香明佛　南无无㝵音佛
南无多安王佛　南无多聞力佛
南无須弥高頂王佛　南无蓮華上佛
南无寶高德佛　南无方流布嚴佛
南无普守增上雲音王佛　南无无邊明佛
南无法積佛　南无无邊慧成佛
南无无邊切德智明佛　南无華生德佛
南无華出王佛　南无本淨佛
南无善德佛　南无寶光月殿妙尊音王佛
南无須弥燈光明佛
現在東南方一百五十佛名
佛告舍利弗若善男子善女人其有聞
此諸佛名号持諷誦念至心信樂无有疑
悔此諸如来皆授其决住不退地若有女

悔此諸如来皆授其决住不退地若有女
人聞諸佛名歡喜信樂礼敬之者從是
以後所生之處不受女身不為三毒之所
纏繫應受无量億劫之罪自然消滅如淨
天金獨步无畏魔鬼外道所不能壞所
得功德不可思議滅八千億生死之罪

南无東南方无憂德佛　南无入精進佛
南无精精進佛　南无德明王佛
南无除衆戚佛　南无師子音佛
南无師子相佛　南无阿閦佛
南无須弥頂佛　南无一切緣中能見佛
南无念離佛　南无畏手佛
南无无邊緣中現佛　南无蓮華敷力佛
南无因月佛　南无无邊月佛

南无寶花佛
南无娑羅佛
南无發心即轉法輪佛
南无華聚佛
南无增千光佛
南无无上光佛
南无不動力佛
南无无邊出力佛
南无无邊願佛
南无无邊自在力佛
南无无量願佛
南无无定願佛
南无轉胎佛
南无轉諸難佛
南无一切緣脩行佛
南无三億同字不沙佛
南无无勝莊嚴佛
南无方无憂切德佛
南无法自在師子遊戲佛
南无虛空佛
南无有德佛
南无道自在佛
南无羅王佛
南无師子吼王佛
南无八辟勝雷佛
南无難沮壞王閻浮提佛
南无珎寶藏切德吼佛
南无大藏佛

南无珎寶藏功德吼佛　南无大藏佛
南无星宿稱佛　南无功德力娑羅王佛
南无妙音自在佛　南无娑羅勝毗婆王佛
南无妙音自在寶佛　南无明自在佛
南无寶掌龍王佛　南无雨音自在法佛
南无月光明佛　南无燈光明佛
南无勝音山佛　南无稱音王佛
南无梵音王佛　南无堅音佛
南无快樂尊佛　南无導師佛
南无普光佛　南无須彌燈王佛
南无寶莊嚴佛　南无无斷光言佛
南无離垢清光海業佛　南无水王光佛
南无世界佛　南无樂蓮華首佛
南无離台光佛　南无[illegible]佛

南无須弥燈王佛　南无寶德佛
南无寶炎佛　南无藥王佛
南无寶願佛　南无寶嚴佛
南无難勝佛　南无師子響佛
南无一切利戍佛　南无迦葉佛
南无寶莊嚴佛　南无尊伏欲王佛
南无普賢佛　南无一切智王佛
南无龍種尊佛　南无惟越莊嚴佛
南无一燈王佛　南无普現佛
南无賢王佛　南无日華佛
南无大香王佛　南无須曼那佛
南无持戒王佛　南无善淨王佛
南无梵增益佛　南无閻浮影佛
南无留樓那佛　南无勝妙佛

南无留樓那佛　南无勝妙佛
南无寶山佛　南无海藏佛
南无那羅延佛　南无尸棄佛
南无无盡佛　南无覺尊佛
南无憍陳如佛　南无師子力佛
南无智幢佛　南无佛音聲佛
南无尊勝佛　南无離世尊佛
南无利益佛　南无師子尊佛
南无寂靜智佛　南无難陁佛
南无尸拘羅王佛　南无金色目佛
南无得自在佛　南无日樂佛
南无寶勝佛　南无善目佛

南无法月佛
南无稱樂佛
南无端嚴佛
南无眼勝佛
南无攝聚義佛
南无勝慧佛
南无善目佛
南无淨飯佛
南无毗琉離幢佛
南无梵音佛
南无有功德淨佛
南无師子稱佛
南无雨法華佛
南无增益山王佛

南无示現義佛
南无稱增益佛
南无善香佛
南无善觀佛
南无善意願佛
南无金幢佛
南无天明佛
南无善見佛
南无毗樓博叉手佛
南无功德成佛
南无寶光明佛
南无功德通王佛
南无造光明佛
南无普明佛

BD00084 賢劫十方千五百佛名經卷上

南无[illegible]佛　南无[illegible]佛
南无增益山王佛　南无普明佛
南无那延勝業佛　南无愛清淨佛
南无日月光佛　南无普光自在王佛
南无梵天佛　一心歸命敬礼者却三万六百劫之罪
南无不退轉輪成首佛　一心敬礼者却千億劫生死之罪
南无大興光明佛　一心敬礼者却八万六千劫之罪
南无法種尊佛　一心敬礼者却四百九劫之罪
南无成首佛　南无興光明佛
南无法種尊佛　南无寶藏莊嚴佛
現在南方一百五十佛名
佛言若善男子善女人聞南方佛名不懷疑
結信吾道眼執持礼拜者於現在世中功德
具足遂得五去一皆除去吾我常值佛世二

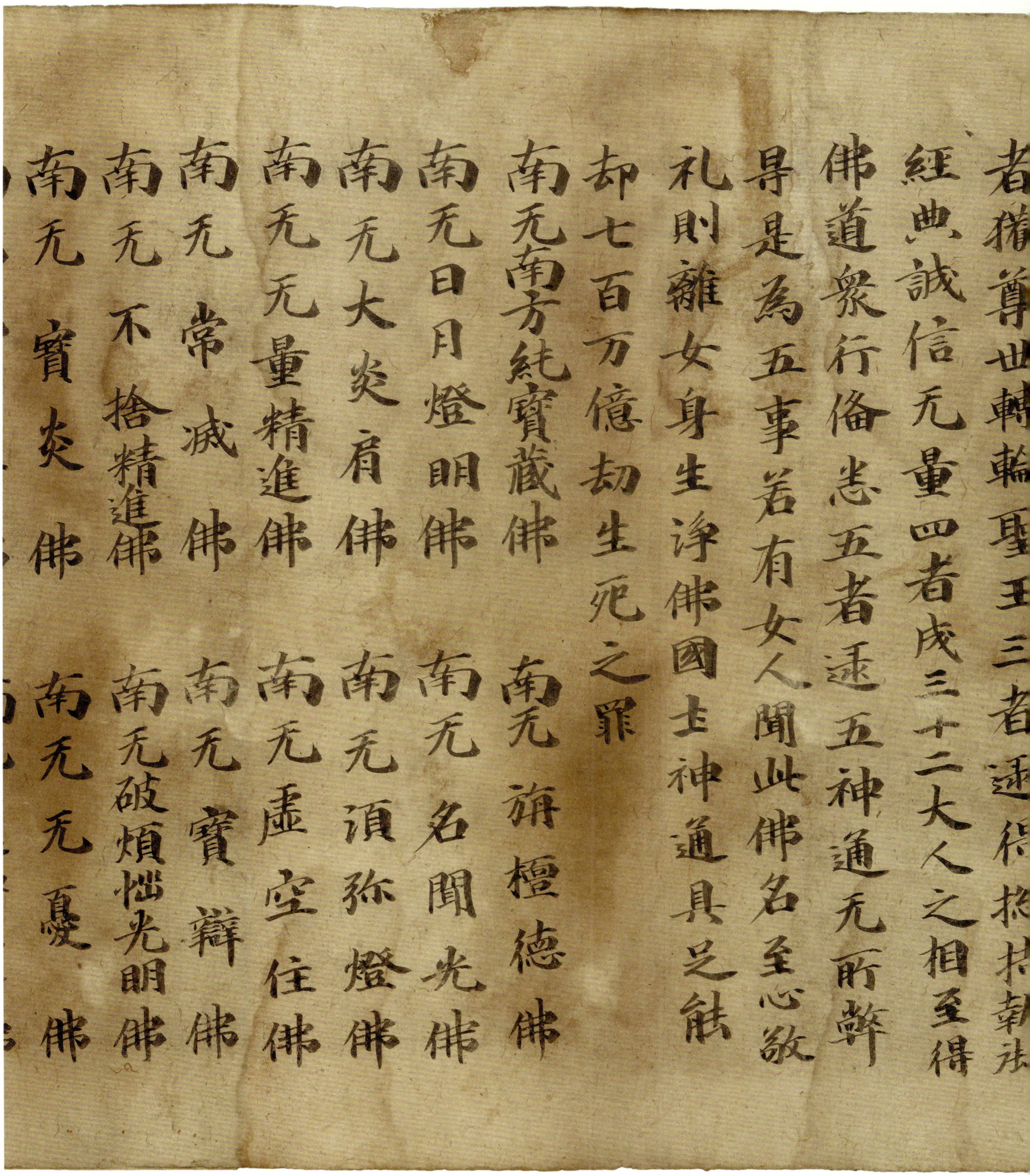

者猶尊世轉輪聖王三者逮得於持朝法
經典誠信无量四者成三十二大人之相至得
佛道衆行備悉五者逮五神通无所弊
导是爲五事若有女人聞此佛名至心敬
礼則離女身生淨佛國土神通具足能
却七百万億劫生死之罪
南无南方純寶藏佛　　南无旃檀德佛
南无日月燈明佛　　南无名聞光佛
南无大炎肩佛　　南无須弥燈佛
南无无量精進佛　　南无虚空住佛
南无常滅佛　　南无寶辯佛
南无不捨精進佛　　南无破煩惱光明佛
南无寶炎佛　　南无无憂佛

南无寶炎佛
南无无憂德佛
南无樹根華王佛
南无无相嚴佛
南无日意佛
南无離垢相佛
南无淨意佛
南无善思嚴佛
南无憂鉢德佛
南无雜華佛
南无轉男女相佛
南无寶高王佛
南无智見一切衆生所樂佛
南无无量香嚴佛

南无无憂佛
南无不退轉上手佛
南无二千億同号日月燈佛
南无明德聚佛
南无那羅延佛
南无求金剛佛
南无求利安佛
南无壞惡賊佛
南无流布力王佛
南无无邊明佛
南无上香德佛
南无香弥樓佛
南无智德佛
南无弥尓寶藏佛

南无无動力佛　南无迹華佛

南无亦一切緣佛　南无調御佛

南无戌利佛　南无生德佛

南无德王佛　南无壞衆疑佛

南无德味佛　南无宿王佛

南无智德佛　南无无量相佛

南无栴檀佛　南无網明佛

南无梵音佛　南无无量性德佛

南无不緣一切法佛　南无无能斷嚴佛

南无无邊自在佛　南无亦一切法佛

南无普現諸法佛　南无无邊德生佛

南无智出光佛　南无華上佛

南无方生佛　南无華生德佛

南无令衆堅固佛　南无智明佛

南无方生佛
南无華生德佛
南无於衆堅固佛
南无智明佛
南无智衆佛
南无離胎佛
南无醫王佛
南无壞諸煩惱佛
南无无邊智讃佛
南无栴檀窟佛
南无具佛
南无華生佛
南无娑羅王安力佛
南无月出光佛
南无調御佛
南无須弥堅佛
南无施名聞佛
南无轉諸難佛
南无名離佛
南无名堅固佛
南无離憂佛
南无華生德王佛
南无演華相佛
南无普放香光佛
南无聲眼佛
南无放炎佛
南无名流十方佛
南无高月佛

南无寶照明佛
南无火然佛
南无三界自在力佛
南无名輪佛
南无空自在佛
南无盡自在佛
南无鼓音佛
南无普自在佛
南无智流布佛
南无山王佛
南无明力高王佛
南无安立佛
南无自在嚴佛
南无積諸功德佛
南无寶德佛
南无智生德佛
南无智生明德佛
南无聚華生王佛
南无上法自在成就佛
南无半月光佛
南无香烏佛
南无无量明佛
南无蓮華聚佛
南无華生德佛
南无栴檀德佛
南无演聚佛
南无上名慧佛
南无作安佛

南无栴檀德佛　南无演聚佛
南无上名慧佛　南无作安佛
南无无邊德王佛　南无明相佛
南无无邊積佛　南无衆德生佛
南无一切德生佛　南无華德生佛
南无持炬佛　南无熱高王佛
南无宿王佛　南无无邊弥樓佛
南无虛淨王佛　南无无量音佛
南无无量明佛　南无寶弥樓佛
南无雜寶華嚴佛　南无上衆佛
南无離垢嚴佛　南无金華佛
南无寶窟佛　南无雜華生佛
南无放光佛　南无華生佛
南无華盖佛　南无不毀虛佛

南无流布力王佛　南无梵音佛
南无自在力佛　南无无邊衆佛
南无調御佛　南无无㝵佛
南无无㝵眼佛　南无无量華佛
南无純寶藏佛　南无虚空住佛
南无常滅佛　南无栴檀德佛
南无樹根華生佛　南无栴檀摩尼光佛
現在西南方一百五十佛名
佛告舍利弗若有善男子善女人得聞此
諸如来名者曾已供養過去諸佛應當心
信樂持念當起廣遠无量歡喜安立其
令使真諦以千万億信樂之心念諸如来
其人當得无量之福永當遠離三厄之罪
命終之後皆當往生彼諸佛刹命終之時

其人當得无量之福永當遠離三厄之罪
命終之後皆當往生彼諸佛刹命終之時
彼諸如来将諸大衆住其人前説法教授
令不退轉必成正覺其有人聞稱揚讃歎
是諸如来功德名号而生誹謗當墮地
獄百万劫具受衆苦若有受持一心不捨
礼拜恭敬滅千万億劫生死之罪
南无西南方普明佛　南无善哀觀衆生佛
南无寶施佛　南无華德佛
南无法音吼佛　南无師子雷音佛
南无遣王神通炎佛　南无普華佛
南无盡勝佛　南无毗婆葉佛
南无迦葉佛　南无諦相佛
南无梵目佛　南无山海慧自在通王佛

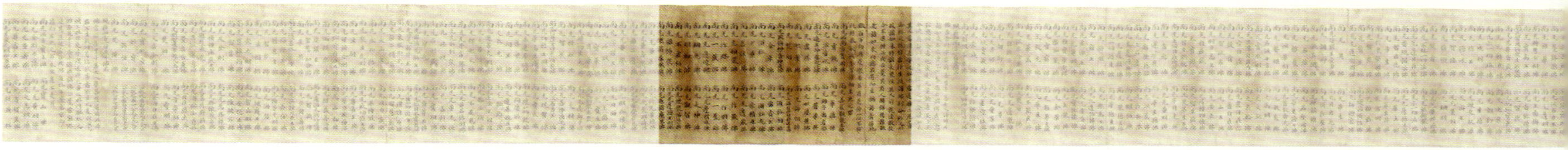

南无跋栴檀香神通佛　南无須弥相佛
南无金華佛　南无雷音王佛
南无須弥佛　南无須弥光佛
南无尸棄佛　南无常精進佛
南无善住佛　南无无邊嚴佛
南无无相嚴佛　南无作嚴佛
南无作燈佛　南无作明佛
南无一藏佛　南无一聚佛
南无无邊像佛　南无无邊精進佛
南无網光佛　南无大神佛
南无明輪佛　南无觀智佛
南无不虚稱佛　南无壞衆怖畏佛
南无離怖畏佛　南无无邊德王明佛
南无壞諸怨賊佛　南无過諸魔界佛

南无壞諸怨賊佛　南无過諸魔界佛
南无无量華佛　南无持无量德佛
南无无量音聲佛　南无光聚明德佛
南无離二邊佛　南无无量覺華見佛
南无无量聲佛　南无明彌樓佛
南无娑羅王佛　南无日面佛
南无妙眼佛　南无上德佛
南无寶華佛　南无寶生佛
南无月華佛　南无一切衆生嚴佛
南无轉一切生死佛　南无无邊辯才佛
南无持炬佛　南无火相佛
南无智聚佛　南无善淨德光佛
南无六百廿萬同字一切義佛　南无流布力王佛
南无切德王月佛　南无見智佛

南无華高生德佛
南无寶火佛
南无赤蓮華德佛
南无壞一切疑佛
南无善衆佛
南无拘摟孫佛
南无相王佛
南无蓮華德生佛
南无放光佛
南无弥勒佛
南无蓮華光明佛
南无上法王相佛
南无无量力佛
南无勝山海佛
南无釋迦文佛
南无不虛見佛
南无无㝵音聲佛
南无无量名德明佛
南无无分別嚴佛
南无无量光佛
南无妙眼佛
南无善利佛
南无吉利嚴佛
南无寶相佛
南无淨光佛
南无香尊王佛
南无出法无垢王佛
南无无垢目大寶藏佛

BD00084　賢劫十方千五百佛名經卷上

南无出法无垢王佛　南无无垢自大寶藏佛
南无力无鄣㝵王佛　南无自知功德力佛
南无衣服知足佛　南无得自在佛
南无鄣㝵利益佛　南无智慧藏佛
南无大山王佛　南无日力藏佛
南无求功德佛　南无華幢波佛
南无衆生光明佛　南无无癡功德王佛
南无法相佛　南无尊音王佛
南无堅持金剛佛　南无堅自然幢佛
南无珎寶自在王佛　南无山劫佛
南无雨娛樂佛　南无增益善法佛
南无娑羅王佛　南无遍滿大海功德佛
南无智慧和合佛　南无智識佛
南无華衆佛　南无世間尊佛

南无優曇鉢華幢佛
南无旃檀王佛
南无精進力佛
南无智步佛
南无法稱佛
南无衆光明佛
南无慧鎧稱佛
南无智音佛
南无天金剛佛
南无種種莊嚴王佛
南无德聚威光佛
南无思㝡尊意佛
南无覺善香薰佛
南无眼如蓮華趣无為佛

南无法幢自在王佛
南无善住佛
南无幢普光明佛
南无海幢佛
南无壞魔王佛
南无智出明佛
南无安隱王佛
南无幢攝取佛
南无无為思惟佛
南无无勝像聚步佛
南无慧持群萌佛
南无須彌山意佛
南无自在德威佛
南无方帝相佛

BD00084　賢劫十方千五百佛名經卷上

南无覺善香□佛　南[illegible]

南无眼如蓮華趣无為佛　南无方帝相佛

南无梵相佛　南无寶明佛

南无天帝金剛佛　南无金海自在王佛

南无寶照空佛　一心敬礼者却六百劫生死之罪

南无妙寶佛　一心敬礼者却八千劫生死之罪

南无諦幢佛　一心敬礼者却百九十六劫生死之罪

南无梵幢佛　一心敬礼者却六十七劫生死之罪

現在西方一百五十佛名

佛言若善男子善女人學菩薩道聞此佛

名不生疑网篤信敬事者所生之處致演光

明三昧正定尋復逮得无量三昧門臨終之

時亦見十方各十億候諸佛正覺皆能啓

受甚深法言正成佛道終不廢忘能却千

億劫生死之罪永不墮不受耳

南无西方寶上佛　南无寶山佛

南无金剛步迹佛　南无无量明佛

南无无量壽佛　南无火光明佛

南无尊音王佛　南无音智藏佛

南无月藏光明垢尊佛　南无稱黄佛

南无寶山王佛　南无勝光无憂佛

南无遍藏華佛　南无二千億日字雲自在燈王佛

南无梵華佛　南无勢進佛

南无法燈勇佛　南无寶月佛

南无師子吼相尊佛　南无攝諸根淨目佛

南无世自在王佛　南无師子意佛

南无法意佛　南无梵相佛

南无世妙佛　南无慈悲佛

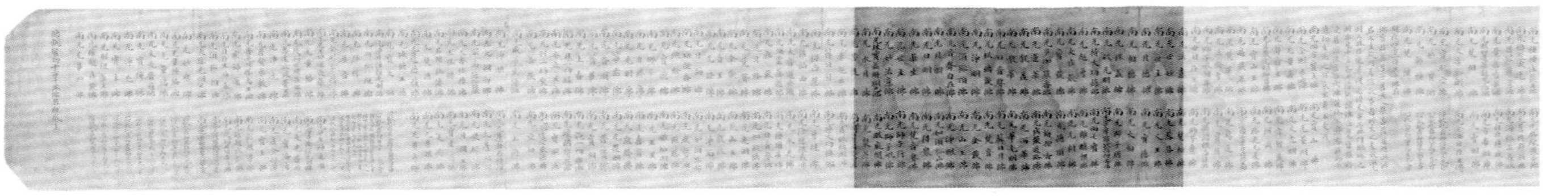

南无法意佛　南无梵相佛
南无世妙佛　南无慈悲佛
南无世主佛　南无人王佛
南无月德佛　南无寶德佛
南无相德佛　南无火相佛
南无珠蓋佛　南无師子踴佛
南无破无明佛　南无多摩羅跋栴檀香佛
南无持大功德佛　南无雨七寶佛
南无超勇佛　南无離瞋恨佛
南无大莊嚴佛　南无无相佛
南无寶藏佛　南无德頂佛
南无多伽羅香佛　南无栴檀香佛
南无蓮華佛　南无莊嚴道路佛
南无龍蓋佛　南无雨華佛

南无散華佛　南无華光明佛
南无日音聲佛　南无蘇日月佛
南无琉璃藏佛　南无梵音佛
南无淨明佛　南无金藏佛
南无須弥頂佛　南无山王佛
南无音聲自在佛　南无淨眼佛
南无月明佛　南无如須弥山佛
南无日明佛　南无得衆佛
南无華生佛　南无梵音聲佛
南无世主佛　南无師子行佛
南无妙法意佛　南无師子吼佛
南无珠寶蓋珊瑚色佛　南无破癡闇佛
南无水月佛　南无衆華佛
南无善逝佛　南无[illegible]寶佛

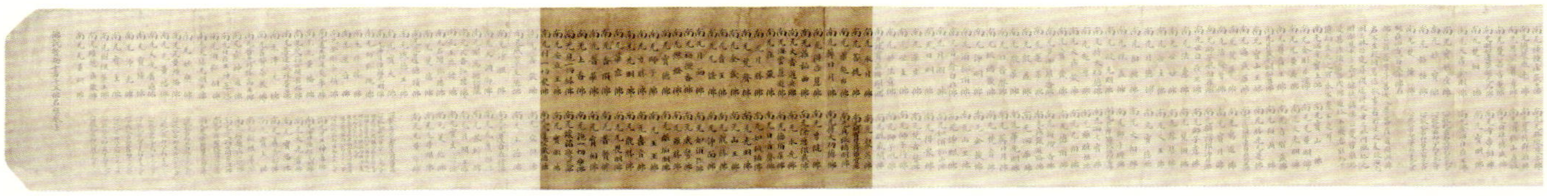

南无水月佛
南无衆華佛
南无菩提佛
南无聞智慧持雜寶佛
南无華超出佛
南无真琉璃明佛
南无蕣日月佛
南无持大功德佛
南无得正慧佛
南无勇健佛
南无雜諂曲佛
南无除惡根栽佛
南无大音道央佛
南无水光佛
南无海雲慧遊佛
南无德頂華佛
南无莊嚴佛
南无日音聲佛
南无月勝佛
南无如琉璃佛
南无梵聲佛
南无光明佛
南无金藏佛
南无山王佛
南无音王佛
南无龍勝佛
南无无染佛
南无淨面佛

南无月面佛
南无如須彌佛
南无栴檀香佛
南无威勢佛
南无燃燈佛
南无難勝佛
南无寶德佛
南无離垢明佛
南无師子佛
南无王王佛
南无力勝佛
南无善音佛
南无光明佛
南无龍勝佛
南无華盛佛
南无无畏明佛
南无香頂佛
南无普賢佛
南无普華佛
南无寶相佛
南无上香佛
南无施一切樂佛
南无見一切緣佛
南无壞諸驚畏佛
南无安立王佛
南无寶明佛
南无利一切衆佛
南无无邊空嚴德佛

南无利一切衆佛　南无无邊空嚴德佛
南无善嚴佛　南无空相佛
南无威華生德佛　南无上德佛
南无淨眼佛　南无无邊自在積佛
南无大調御佛　南无无邊相佛
南无最高德弥樓佛　南无衆歸佛
南无天香弥樓佛　南无月聞王佛
南无上弥樓佛　南无寶生德佛
南无名聞弥樓佛　南无美德佛
南无梵德佛　南无无㝵眼佛
南无无邊德積佛　南无无量華佛
南无滅德王佛
南无寶火佛　至敬礼者其人立尊不退轉疾得成佛

南无淨月幢稱光明佛
南无阿弥陁佛
南无殊勝佛
南无集音佛
南无金剛步精佛
南无造王神通炎華佛
南无无量幡佛
南无度一切世間苦惱佛
南无善建立珠臺王佛
南无淨光佛
南无普賢華敷佛
南无普光外勝高王佛
南无疾神通佛
南无自在王神通佛

心敬礼者去百六十劫生死之罪
聞名心信樂誦念歡喜得无量
福離三惡道臨終正礼佛自來迎之
聞名歡喜信樂誦念能降魔
衆却六十劫生死之罪
聞名歡喜信樂誦念其人得佛音聲
衆中說法能却八十劫生死之罪
心敬礼者却百劫生死之罪

南无早王神通佛
南无淨日幢稱光明佛
南无大光普佛
南无寶幡佛
南无盧舍那佛
南无寶上佛
南无樹根華佛
南无維越莊嚴佛
南无度一切世間苦惱佛

南无自在王神通佛
南无須弥相佛
南无大悲光明王佛
南无妙樂佛
南无无量幢幡佛
南无无量幡佛
南无大光普遍佛
南无寶幢佛
南无淨光佛
南无寶上佛
南无樹根華王佛
南无維越莊嚴佛
南无无量明佛

南无度一切世間苦惱佛
南无多摩羅跋栴檀香神通佛
南无蓮華樹世界長精進佛
一心敬礼者却五百劫生死之罪
一心敬礼者却五百劫生死之罪
一心敬礼者却八十劫生死之罪
一心敬礼者却九十二劫生死之罪
一心敬礼者却七十九劫生死之罪
一心敬礼者却二百劫生死之罪
一心敬礼者却八十一劫生死之罪
一心敬礼者却二百十三劫生死之罪
一心敬礼者却九百八十劫生死之罪

佛說賢劫十方千五佛名經卷上

圖書在版編目（CIP）數據

中國國家圖書館藏敦煌文獻．第六册 / 中國國家圖書館編．—北京：國家圖書館出版社，2023.12

ISBN 978-7-5013-7881-4

Ⅰ．①中…　Ⅱ．①中…　Ⅲ．①敦煌學－文獻　Ⅳ．①K870.6

中國國家版本館 CIP 數據核字（2023）第 211220 號

書　　名　中國國家圖書館藏敦煌文獻・第六册
著　　者　中國國家圖書館　編
項目統籌　魏　崇　殷夢霞
責任編輯　潘　竹　程魯潔　黄　鑫　苗文葉
責任校對　劉宇石　王　衡

出版發行　國家圖書館出版社（北京市西城區文津街 7 號　100034）
（原書目文獻出版社　北京圖書館出版社）
010-66114536　63802249　nlcpress@nlc.cn（郵購）
網　　址　http://www.nlcpress.com
排版印裝　天津裕同印刷有限公司
版次印次　2023 年 12 月第 1 版　2023 年 12 月第 1 次印刷

開　　本　787 × 1092　1/8
印　　張　43
書　　號　ISBN 978-7-5013-7881-4
定　　價　2800.00 圓